Avril Crochett' prod.
Mit Fotografien von Fabrice Besse

Häkelideen für KÜCHE & BAD

Nachhaltig · umweltfreundlich · plastikfrei

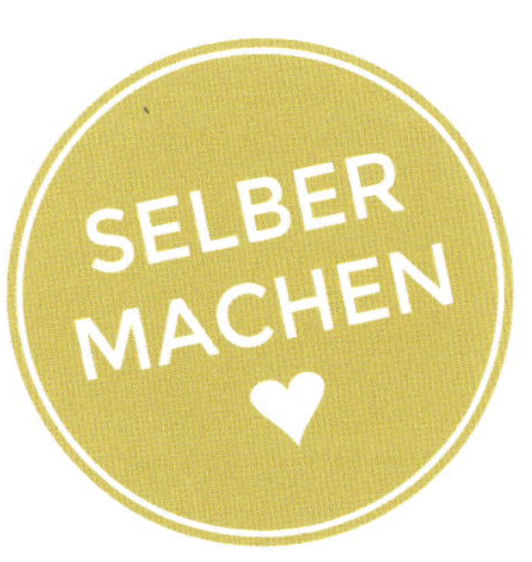

Bassermann

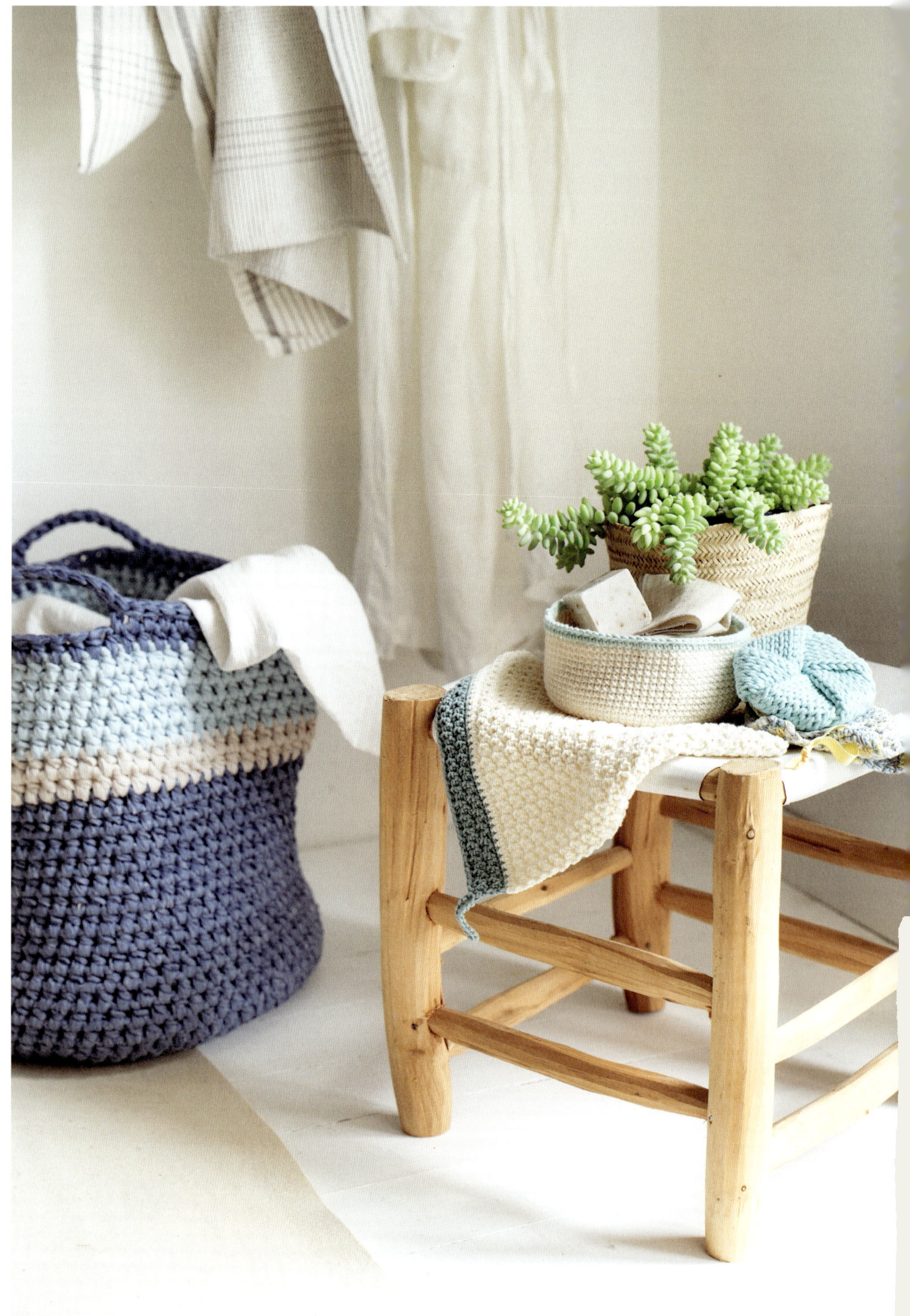

Vorwort

Es ist eine Tatsache, dass jede menschliche Aktivität Abfall produziert. Wir können jedoch alle unseren Teil dazu beitragen, Müll zu vermeiden!

Viele von uns haben im Alltag schon kleine Routinen integriert, die Energie sparen und der Umwelt guttun. Wir alle können auf unsere persönliche Art und Weise unseren Planeten schützen und Ressourcen schonen. Traditionelle Handarbeitstechniken sind hierfür besonders gut geeignet und das Häkeln ist eine davon.

Dieses Buch bietet Ihnen Alternativen zu Wegwerfartikeln und stellt Handarbeitsprojekte vor, deren ökologischer Fußabdruck nicht mit den Produkten vergleichbar ist, die im Handel erhältlich sind. Und die unbezahlbare Freude, etwas selbst angefertigt zu haben, gibt es gratis dazu!

Ich wünsche Ihnen viele schöne kreative Stunden!

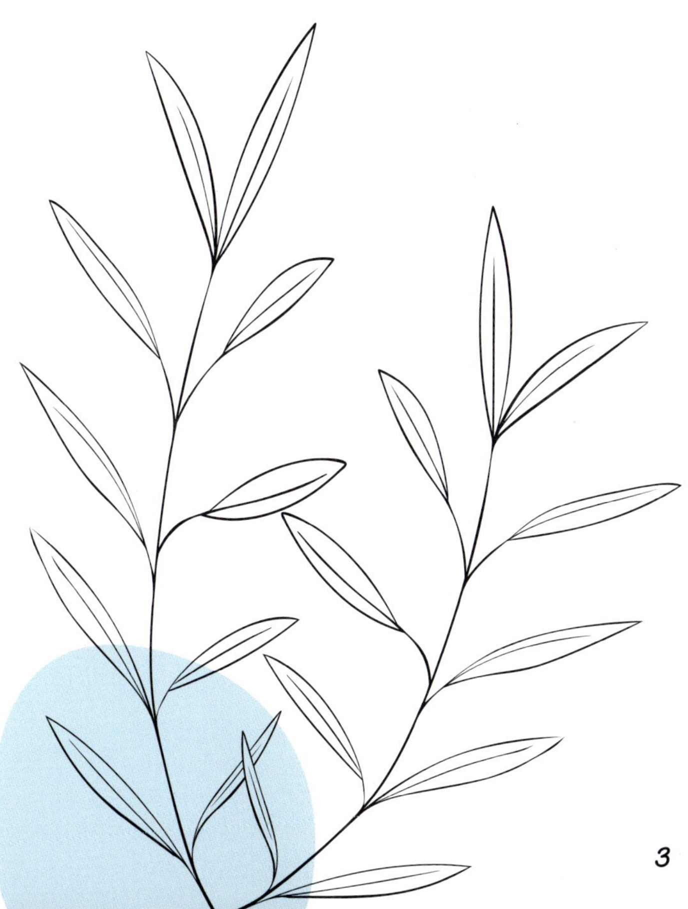

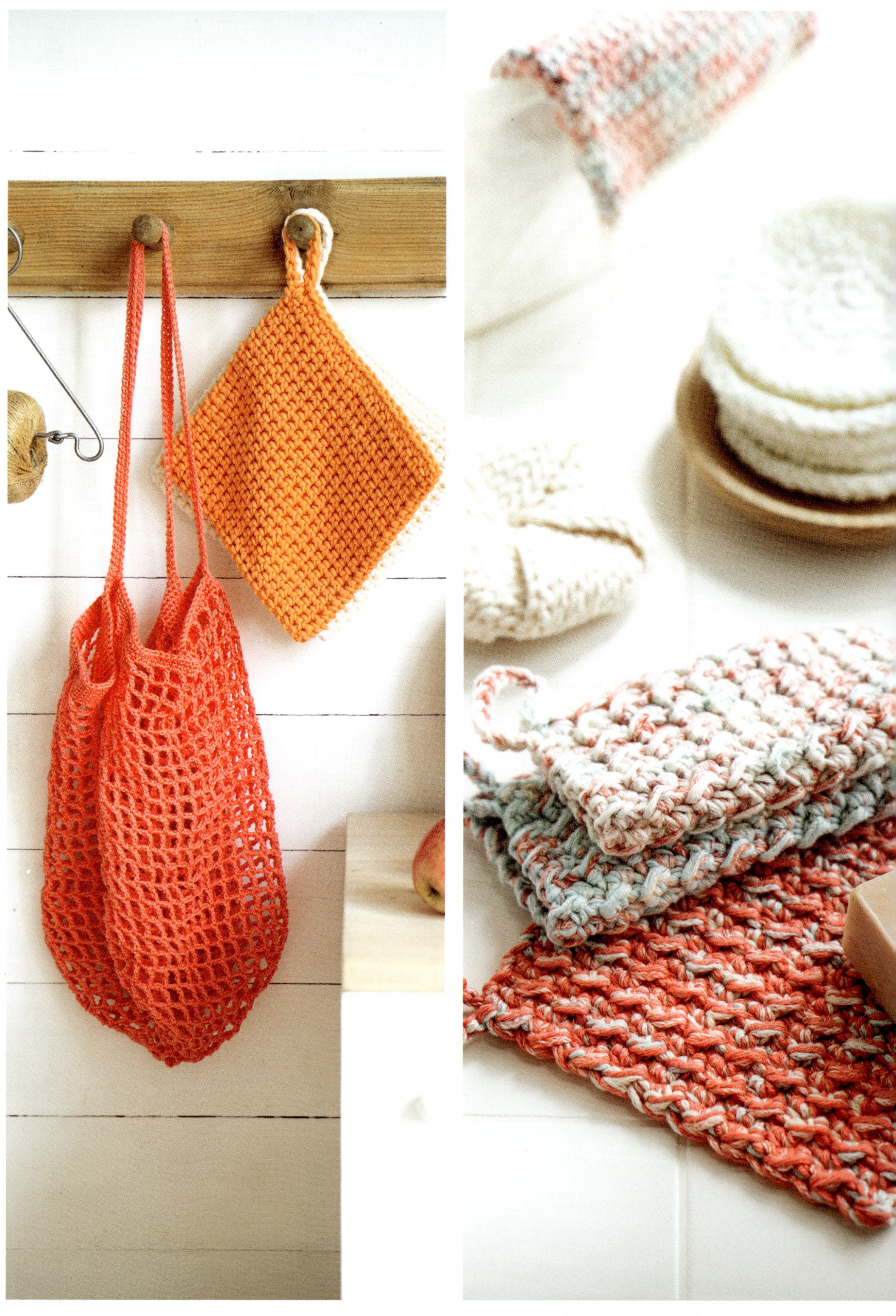

Inhalt

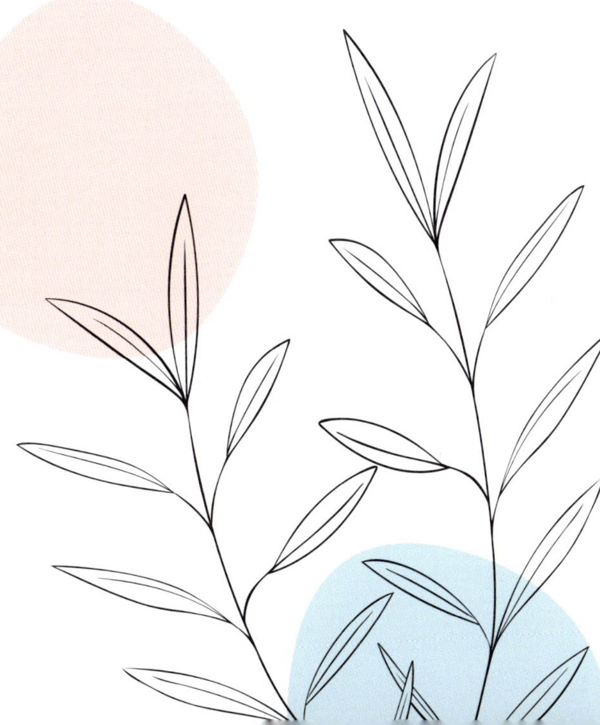

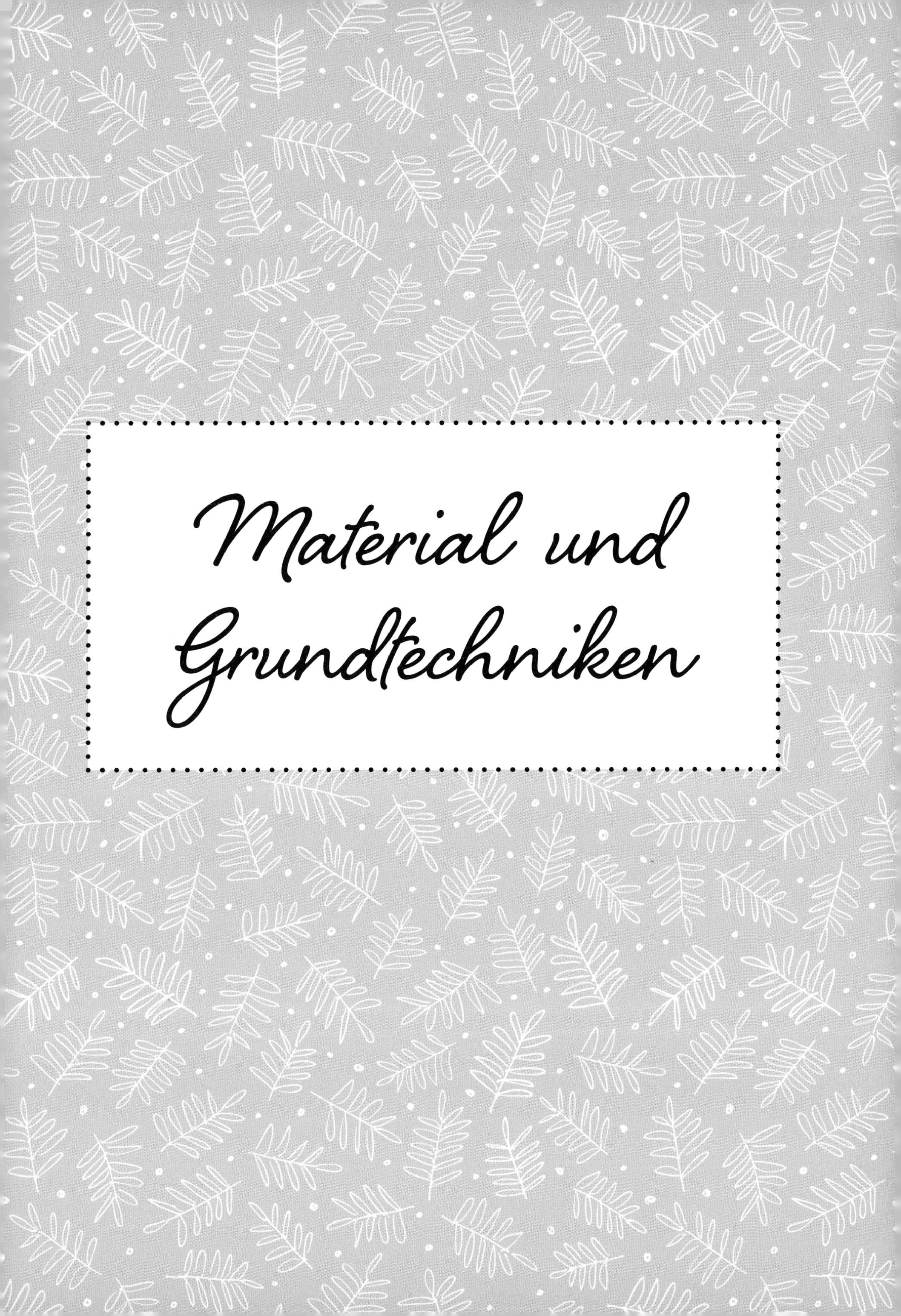

Material und Grundtechniken

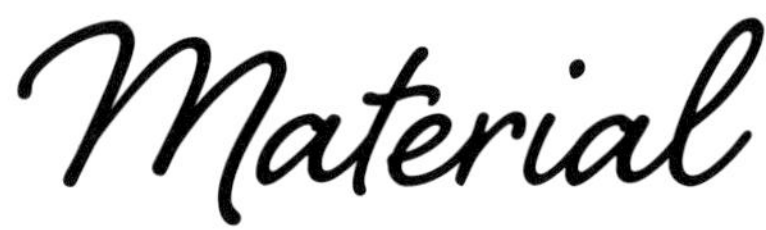

Material

DIE RICHTIGE HÄKELNADEL

Häkelnadeln gibt es wie Sand am Meer. Da ist es nicht immer einfach, den Überblick zu behalten und die richtige Wahl zu treffen. Mit der Zeit und durch Ausprobieren werden Sie jedoch ein Gespür dafür entwickeln, welche Nadel zu Ihnen passt und warum. Ich kann Ihnen nicht sagen, welches Modell das beste für Sie ist. Daher erkläre ich Ihnen einfach, welche Modelle ich verwende und wieso – selbst, wenn dies manchmal etwas willkürlich scheint!

Auf Häkelnadeln aus Kunststoff sollten Sie jedoch auf jeden Fall verzichten! Metall ist das Material der Wahl. Die Häkelnadel kann einen Griff besitzen oder nicht – das ist Geschmackssache. Persönlich finde ich, dass ein Griff handlicher ist, besonders bei dünnen Häkelnadeln. Achten Sie beim Kauf darauf, dass das Metall schön glatt ist, damit das Garn nicht hängen bleibt. Ich benutze diese Art Häkelnadeln ausschließlich bis zu den Stärken 4,5 oder 5,0 mm. Sie sollten allerdings wissen, dass Häkelnadeln mit Griffen keine Maschen mit einer großen Anzahl an Umschlägen ermöglichen. Das Garn stößt in diesem Fall schnell an den Griff, was hinderlich ist.

Ab Stärke 5,0 mm verwende ich am liebsten Häkelnadeln aus Bambus oder Holz. Diese haben unter anderem den Vorteil, besonders umweltfreundlich zu sein. Bambus wächst sehr schnell. Holz benötigt im Vergleich weniger Wasser.

Von originellen Häkelnadeln, beispielsweise bunten Modellen, rate ich entschieden ab, selbst wenn sie aus Holz bestehen. Diese machen es nämlich schwierig, die Maschen zu verfolgen. Denken Sie immer daran, dass eine Häkelnadel ein Werkzeug ist, das Ihnen die Arbeit erleichtern – nicht erschweren – soll!

DAS RICHTIGE GARN

Die Wahl des Garns kann ganz schön schwierig sein! Ob Material, Herstellungsart, Aussehen oder Haptik: Sie müssen eine Vielzahl an Eigenschaften berücksichtigen, um die richtige Entscheidung zu treffen. Die folgenden Tipps helfen Ihnen bestimmt weiter. Wolle werde ich jedoch nicht erwähnen, da sie für keines der vorgestellten Projekte verwendet wird.

SYNTHETISCHES GARN

Da synthetische Garne zu den Erdölprodukten zählen, sind sie nicht sehr umweltfreundlich. Daher versuche ich, sie so wenig wie möglich zu verwenden. Manchmal erweisen sie sich jedoch als sehr nützlich. Und da man von zwei Übeln das kleinere wählen soll, ist es besser, einen wiederverwendbaren Waschlappen aus synthetischem Garn anzufertigen, als auf Einwegtücher zurückzugreifen.

ACRYL

Ich persönlich verwende nie Garn, das zu 100 Prozent aus Acryl besteht, zum einen aus den oben genannten Gründen, zum anderen aber auch, weil das Material schnell und schlecht altert. Das wollen wir nun wirklich nicht! Ein Mischgarn aus Baumwolle und Acryl ist jedoch sehr nützlich, da Baumwolle Feuchtigkeit aufnimmt und Acryl schnell trocknet. Acryl erspart Ihnen in diesem Fall, dass Sie Ihre Handarbeiten häufiger als nötig waschen müssen, nur um den Geruch von Feuchtigkeit zu vermeiden. Wenigstens etwas!

POLYESTER

Ich verwende Polyester nur dann, wenn er nicht auf zufriedenstellende Weise durch ein natürlicheres Produkt ersetzt werden kann. Sein Vorteil liegt in seiner Langlebigkeit. In diese Gruppe fallen Veloursgarn, das auch als Chenillegarn bekannt ist, und Spülschwammgarn, das optisch an Weihnachtsgirlanden erinnert.

VEGANE GARNE

Diese Garne stammen aus der Landwirtschaft, manchmal auch aus dem Bioanbau. Veganes Garn in Bio-Qualität wird ohne die Verwendung chemischer Mittel produziert – es kommen also keine Pestizide, Herbizide oder chemische Dünger zum Einsatz. Es ist daher eine gute Wahl. Doch sein recht hoher Preis kann abschreckend wirken – besonders, wenn viel Garn benötigt wird. Eins ist sicher: Veganes Garn ist immer umweltschonender als synthetisches Garn!

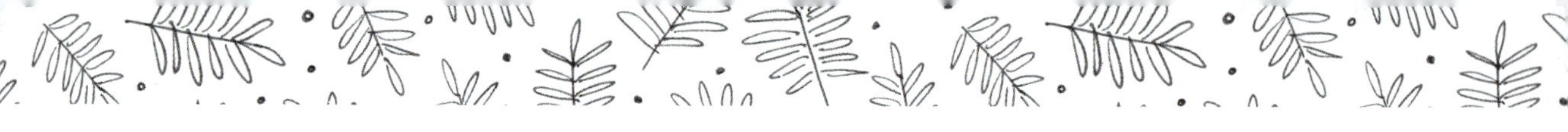

BAUMWOLLE

Baumwolle lässt sich schnell herstellen. Sie ist hautfreundlich, pflegeleicht und saugfähig. Sie wird häufig und für alle Arten von Projekten verwendet, da sie sich aufgrund ihrer Eigenschaften für eine Vielzahl von Handarbeiten eignet – insbesondere für solche, die für direkten Hautkontakt gedacht sind. Verwenden Sie Bio-Baumwolle, da diese unbehandelt ist und wasserschonend angebaut wurde.

LEINEN

Genau wie Baumwolle ist Leinen hautfreundlich. Zudem besitzt das Material antibakterielle Eigenschaften. Seine Fasern sind strapazierfähig. Leinen ist daher robust, haltbar und weist wenig Verschleiß auf. Bei Garn wird Leinen oft mit Baumwolle gemischt, da es dann weicher wird. Es ist für seine Formfestigkeit und seine hygienischen Eigenschaften bekannt.

HANF

Hanf ist aufgrund seiner antibakteriellen und pilzhemmenden Eigenschaften von Natur aus biologisch, wächst schnell und braucht keine intensive Bewässerung, da seine Wurzeln das Wasser aus der Tiefe ziehen. Hanfgarn ist noch relativ unbekannt, die Anfrage wächst jedoch stetig. Deutschland hat dabei nach Frankreich die größte Anbaufläche von Hanf in Europa.

BAMBUS

Der Anbau von Bambus hat in den letzten Jahren stark zugenommen. Bambusgarn ist weich und leicht, nimmt dreimal mehr Feuchtigkeit auf als Baumwolle und seine Fasern sind antimikrobiell. Sein größter Nachteil besteht jedoch aus der chemischen Behandlung, die für seine Produktion erforderlich ist. Ich selbst bin kein Fan von Bambusgarn, zumal seine Herstellung viel Wasser verbraucht!

RECYCLING-GARN

Garn aus recyceltem Material ist heutzutage oft zu finden – und das ist auch gut so. Diese Art Garn wird aus natürlichen Materialien hergestellt wie zum Beispiel Baumwolle, aber auch aus synthetischen Materialien wie Plastikflaschen.

Lesen Sie vor dem Kauf unbedingt aufmerksam die Zusammensetzung des Garns durch. Manchmal kommt es zu Überraschungen. Manche Garne tragen Namen, die nachhaltig klingen, sind es jedoch überhaupt nicht!

DAS RICHTIGE GARN FÜR DEN EINSTIEG

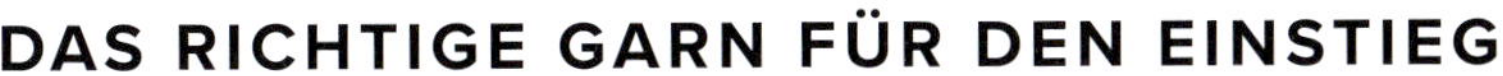

Da die Maschen nicht gut erkennbar sind, fallen die ersten Schritte im Häkeln oft etwas schwer. Daher ist es wichtig, für das erste Probehäkeln ein Garn auszuwählen, das das Verfolgen der Maschen nicht noch schwieriger macht. Entscheiden Sie sich am besten für glattes Garn – egal ob gezwirnt oder aus Jersey – und eine Häkelnadel der Stärke 4,0 bis 5,0 mm. Diese Nadelstärken sind ideal, um die Maschen gut zu erkennen und zu verarbeiten. Auch Textilgarn eignet sich gut.

Auf mehrfädige Garne sollten Sie verzichten, da hier die Häkelnadel oft nicht die ganze Masche aufnimmt, sondern durch das Garn hindurchgleitet. Um manche Garne sollten Sie einen großen Bogen machen. Hierzu zählen Mohair, der sich nur schwer oder gar nicht auftrennen lässt, und Velours, das nicht beschädigungsfrei aufgetrennt werden kann. Und warten Sie besser, bevor Sie sich an Fantasiegarnen wie Bouclégarn, Teddy- oder Flauschgarn ausprobieren: Diese sehen zwar hübsch aus, erschweren jedoch das Erkennen des Maschenbilds.

MATERIAL

Neben Garn und Häkelnadel benötigen Sie Folgendes:

- eine Schere (ich empfehle kurze, spitze Scheren),
- Woll- oder Sticknadeln (ich benutze gerne Sticknadeln),
- Maschenmarkierer (alternativ können Sicherheitsnadeln verwendet werden).

Das war's!

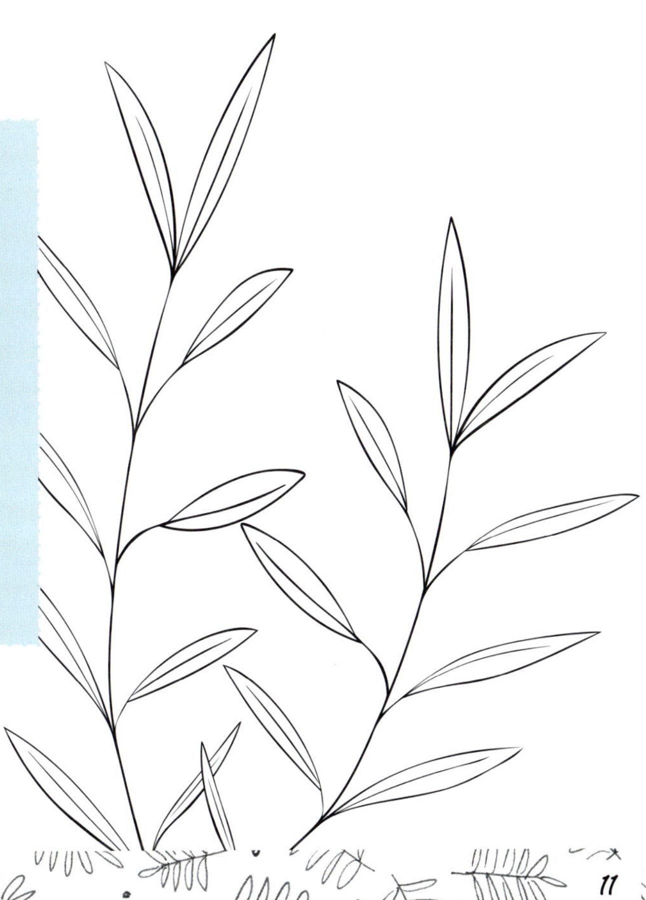

Grundmaschen

Häkeln ist eine Handarbeit, bei der es vor allem um die richtige Technik geht. Zum Häkeln wird also ein gewisses Grundwissen vorausgesetzt. Daher stelle ich Ihnen in diesem Kapitel die verschiedenen Maschen vor und erkläre Schritt für Schritt, wie sie gehäkelt werden. Selbst Anfänger oder Anfängerinnen können mit diesen Maschen alle Projekte dieses Buchs verwirklichen. An manchen Stellen werden die Maschen verändert oder angepasst. Dies geht jedoch immer mit einer Erklärung einher.

DER UMSCHLAG

Beim Umschlag wird der Faden von hinten nach vorne über die Häkelnadel gelegt (siehe unten Foto 3).

DIE LUFTMASCHENKETTE UND DIE LUFTMASCHE

Die Luftmaschenkette ermöglicht das Häkeln in Reihen. Sie besteht ausschließlich aus **Luftmaschen (Lm)**.

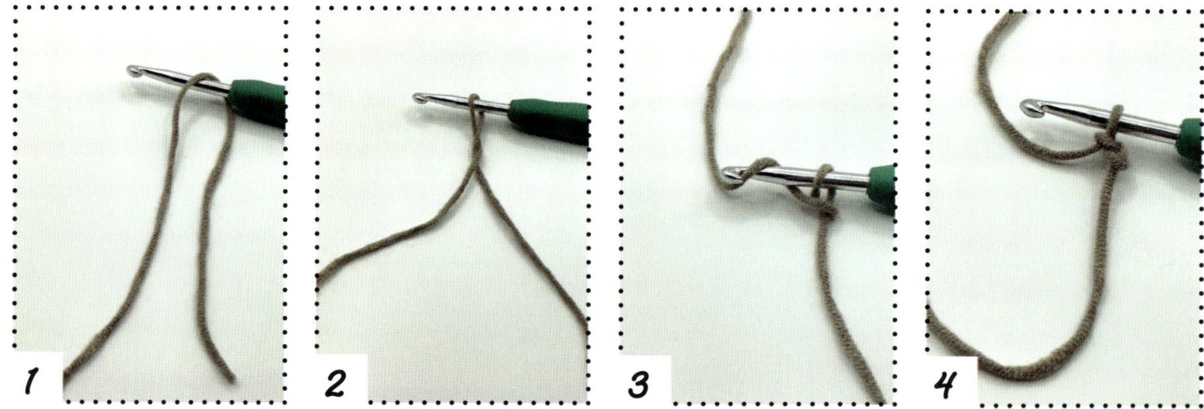

1. Legen Sie den Faden um die Häkelnadel. Das Fadenende befindet sich hinter der Nadel.
2. Führen Sie das Fadenende nun vollständig gegen den Uhrzeigersinn um den anderen Fadenstrang herum.
3. Einen Umschlag machen.
4. Ziehen Sie den Faden zu einer Schlaufe.

So erhalten Sie das, was ich als **0-Masche** bezeichne. **Diese Masche wird nie zur Maschenzahl der Luftmaschenkette dazugezählt**. Das Zählen der Maschen beginnt erst mit der folgenden Masche.

Mit den Schritten 3 und 4 wird eine Luftmasche gehäkelt. Es werden so viele Luftmaschen gehäkelt wie nötig. Anfänger schlagen die Luftmaschenkette oft zu fest an. Daher empfehle ich, hierfür eine dickere Häkelnadel zu verwenden, als für das Projekt benötigt wird.

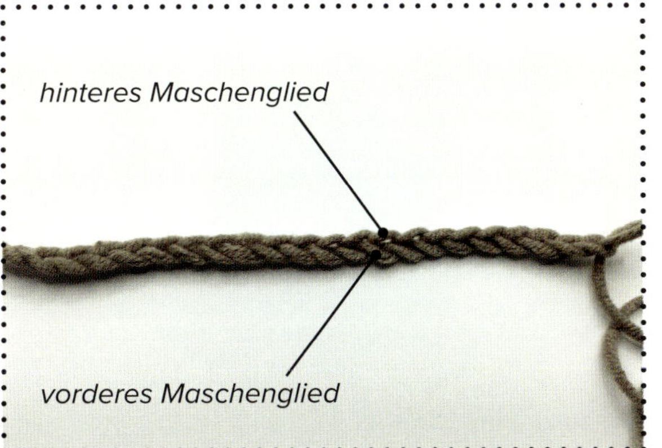

Luftmaschenkette, Vorderseite

HINWEIS

Bei manchen Maschen wird nur in das vordere Maschenglied der Luftmaschenkette gehäkelt (unten im Bild), bei anderen nur in das hintere Glied (oben im Bild).

Wenn nichts anderes angegeben ist, häkle ich die erste Reihe immer in die Schlinge auf der Rückseite der Luftmaschenkette. So erhalte ich eine saubere Kante.

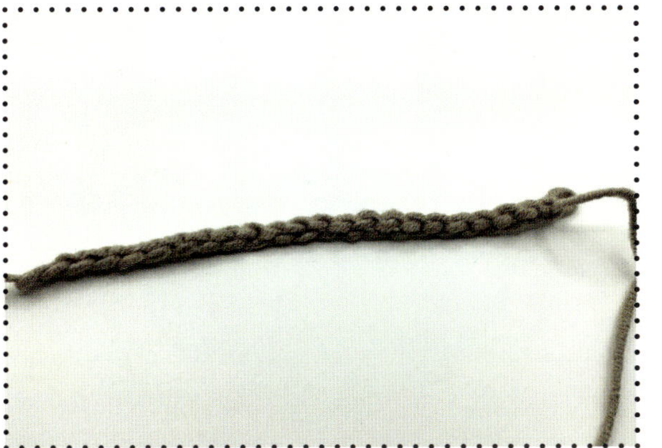

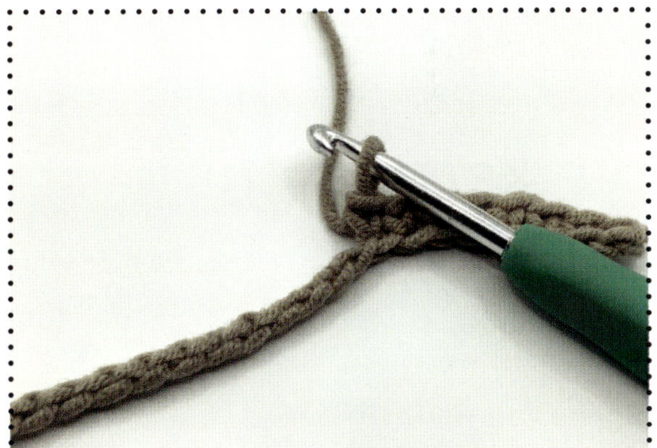

Luftmaschenkette, Rückseite

DIE FESTE MASCHE

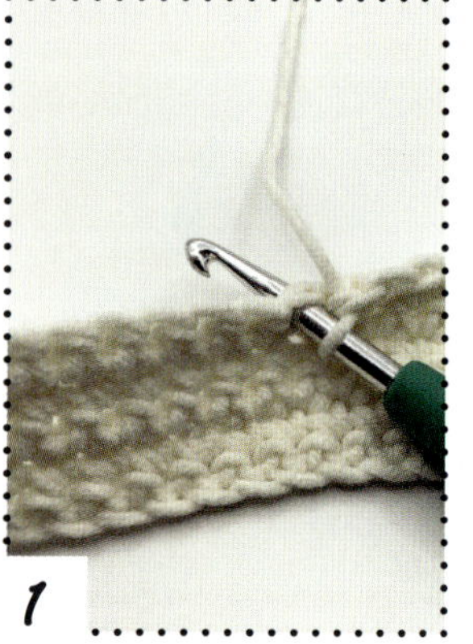
1

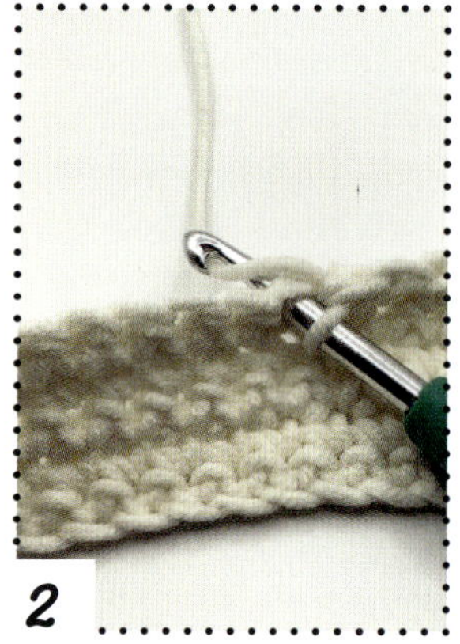
2

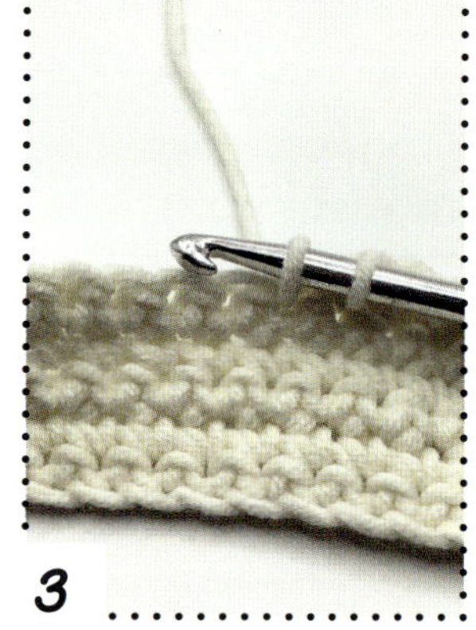
3

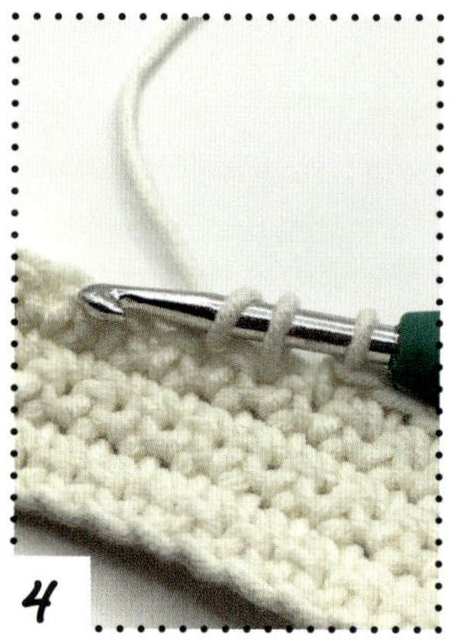
4

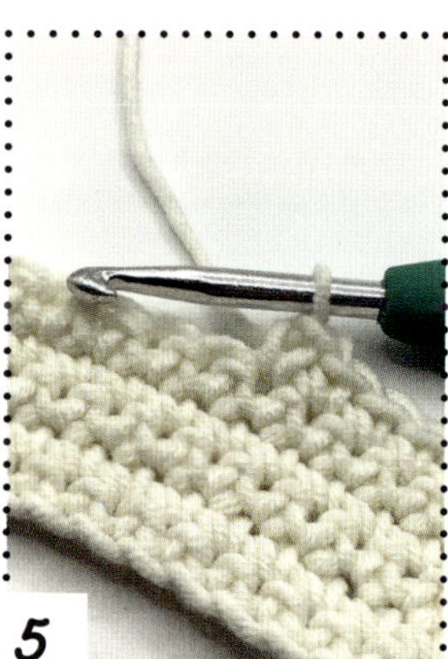
5

1. In die Masche stechen.
2. Einen Umschlag machen.
3. Den Faden durch die Masche ziehen.
4. Einen Umschlag machen.
5. Den Faden durch die zwei Schlingen auf der Häkelnadel ziehen.

*Die **feste Masche (fM)** ist die Grundmasche beim Häkeln. Mit ihr können viele verschiedene Muster gefertigt werden, die durch ihre Vielfältigkeit bestechen. Eine neue Reihe fester Maschen beginnt immer mit einer Luftmasche.*

DIE KETTMASCHE

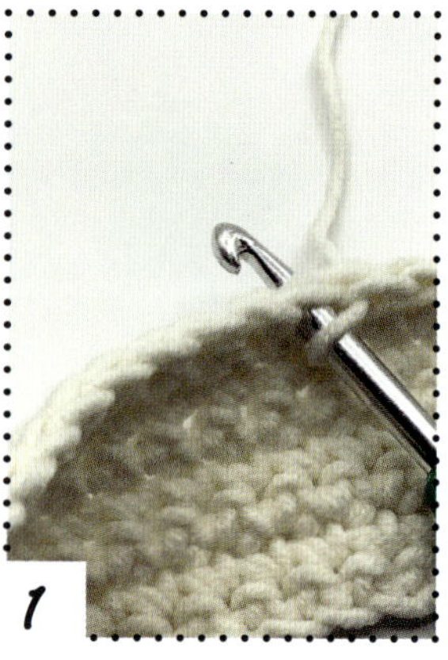
1

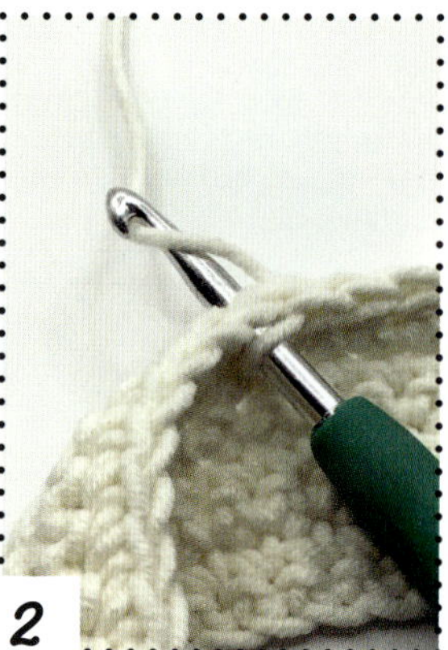
2

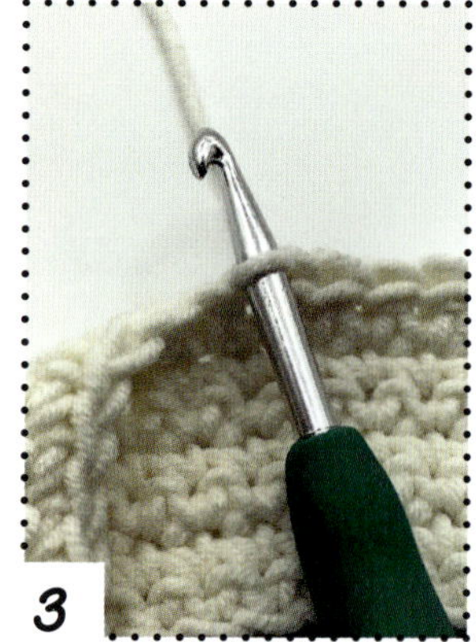
3

1. In die Masche stechen.
2. Einen Umschlag mache
3. Den Faden durch die Masche und die Schlinge auf der Häkelnadel ziehen.

*Mit **Kettmaschen (Km)** zieht sich das Häkelstück oft zusammen. Wenn Sie dies vermeiden wollen oder Probleme haben, locker zu häkeln, können Sie die Nadelstärke erhöhen.*

DAS HALBE STÄBCHEN

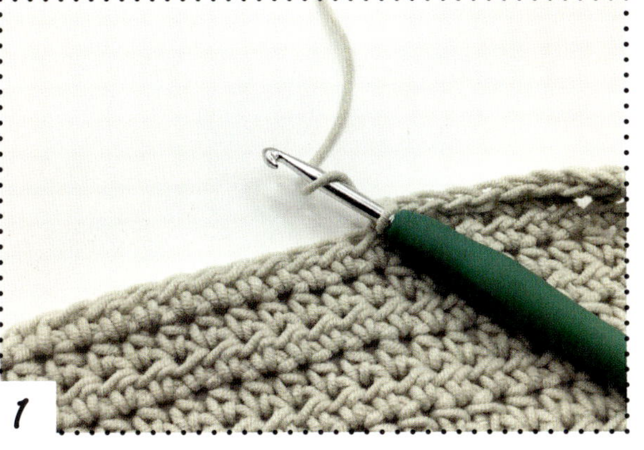
1

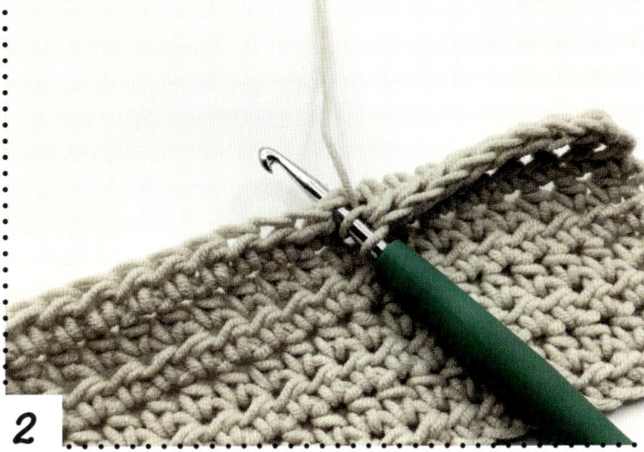
2

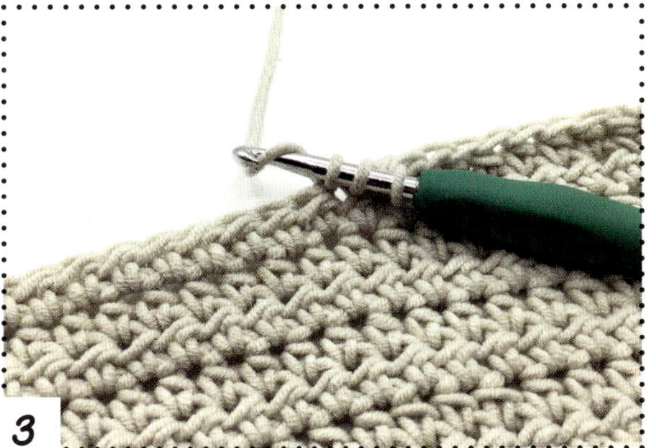
3

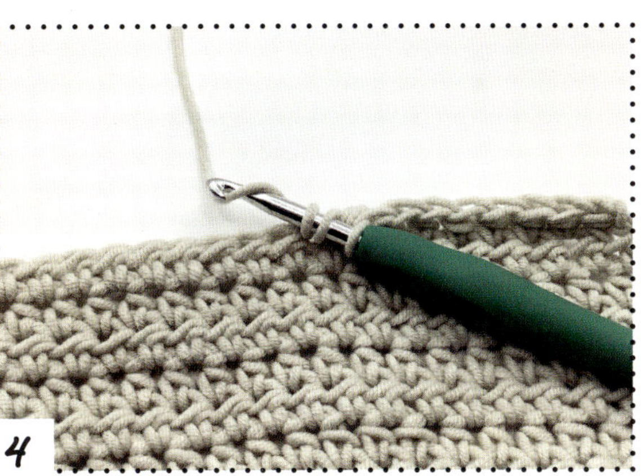
4

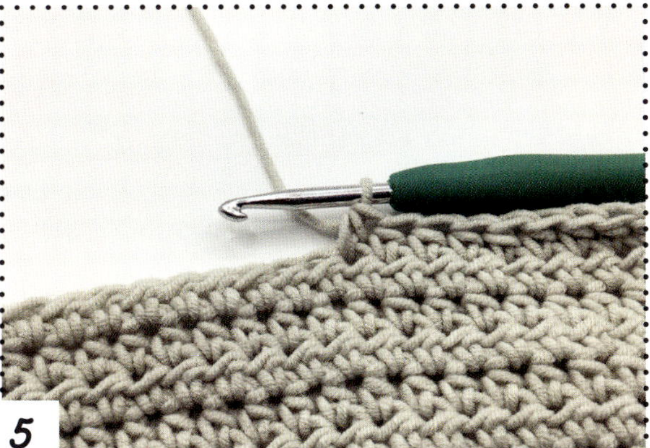
5

1. Einen Umschlag machen.
2. In die Masche stechen.
3. Einen Umschlag machen und durch die Masche ziehen (es befinden sich drei Schlingen auf der Häkelnadel).
4. Einen Umschlag machen.
5. Den Faden durch die drei Schlingen auf der Häkelnadel ziehen.

*Mit **halben Stäbchen (hStb)** geht es schneller voran als mit festen Maschen. Die Maschen werden jedoch lockerer. Wenn ich sie häkle, dann in der Regel zusammen mit festen Maschen oder einer ihrer Varianten.* ***In der Regel werden zu Beginn einer Reihe mit halben Stäbchen zwei Luftmaschen gehäkelt. Ich selbst mache nur eine, da ich finde, dass so die Ränder besser aussehen. Probieren Sie aus, was bei Ihnen am besten funktioniert.***

DAS STÄBCHEN

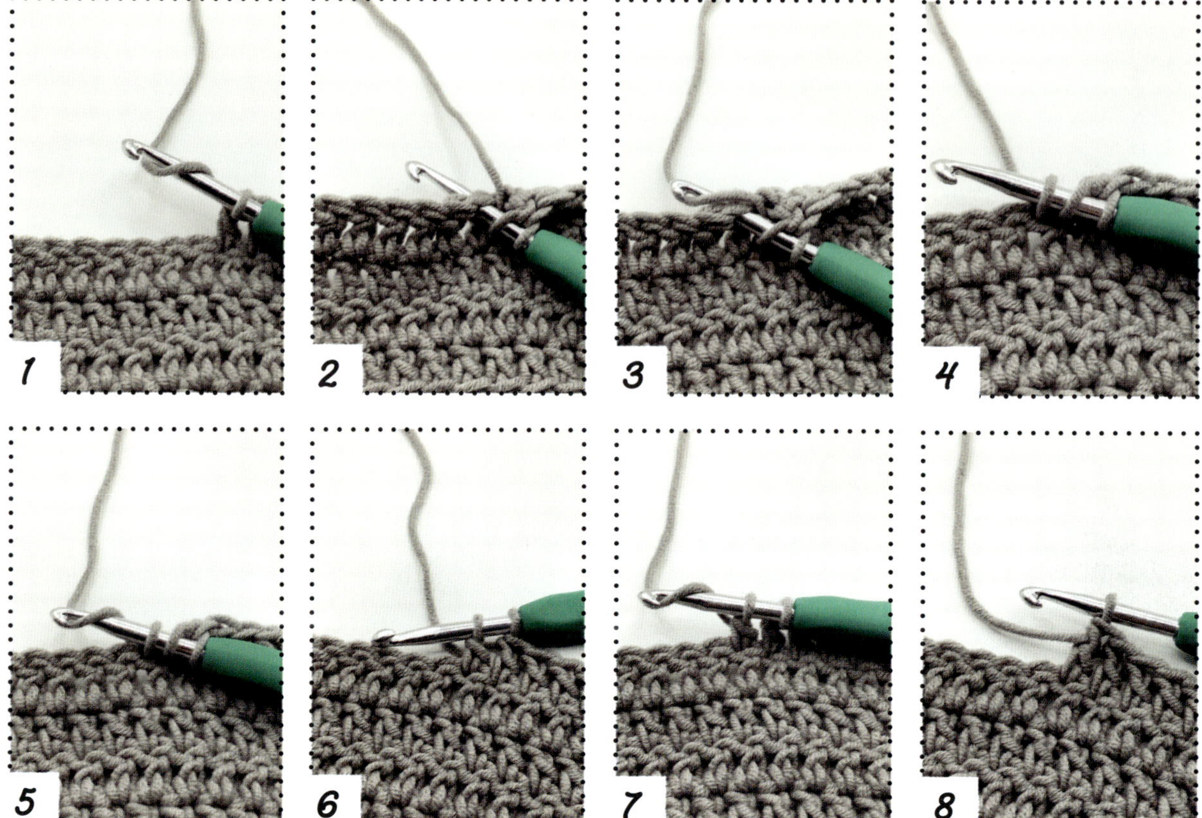

1. Einen Umschlag machen.
2. In die Masche stechen.
3. Einen Umschlag machen.
4. Den Faden durch die Masche ziehen (es befinden sich drei Schlingen auf der Häkelnadel).
5. Einen Umschlag machen.
6. Den Faden durch zwei der drei Schlingen auf der Häkelnadel ziehen (es bleiben zwei Schlingen auf der Nadel).
7. Einen Umschlag machen.
8. Den Faden durch die zwei verbleibenden Schlingen ziehen.

Stäbchen (Stb) benutze ich insbesondere für Projekte mit Lochmuster wie Netze oder Beutel.
In der Regel werden zu Beginn einer Reihe mit Stäbchen drei Luftmaschen gehäkelt. Ich mache nur zwei Luftmaschen, da ich finde, dass die Ränder dann gleichmäßiger aussehen.

DAS DOPPELSTÄBCHEN

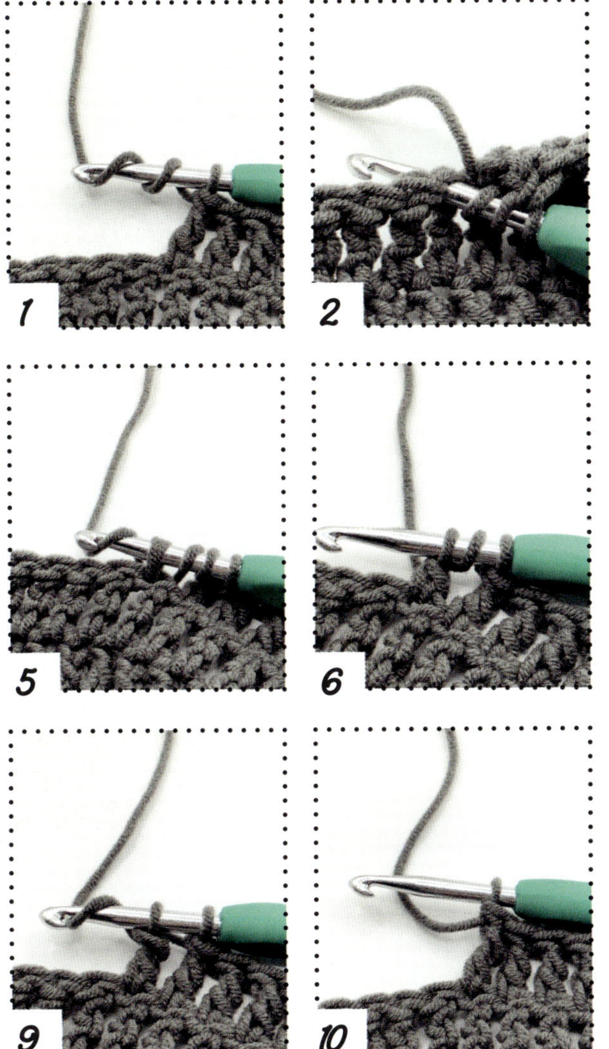

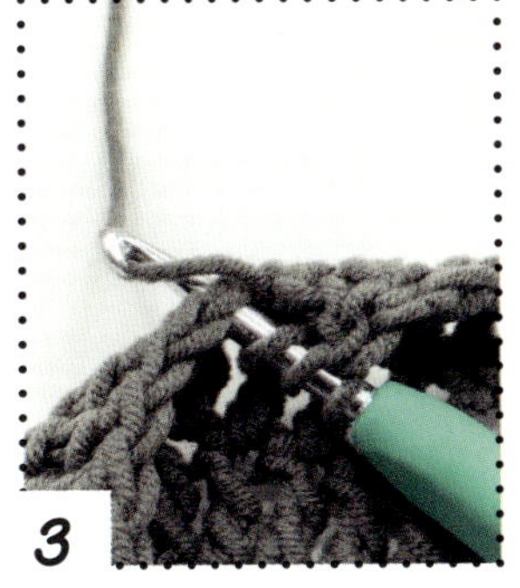

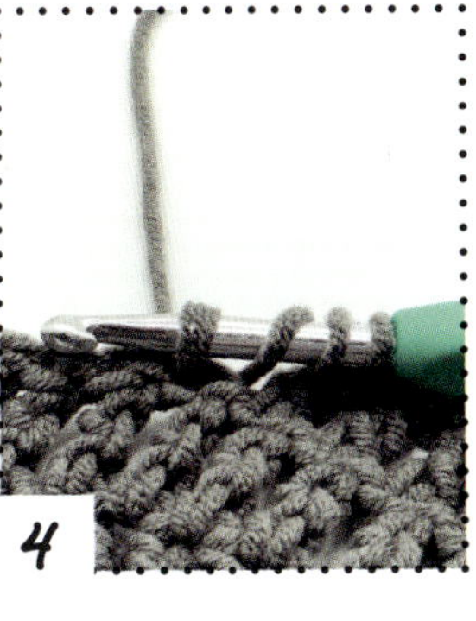

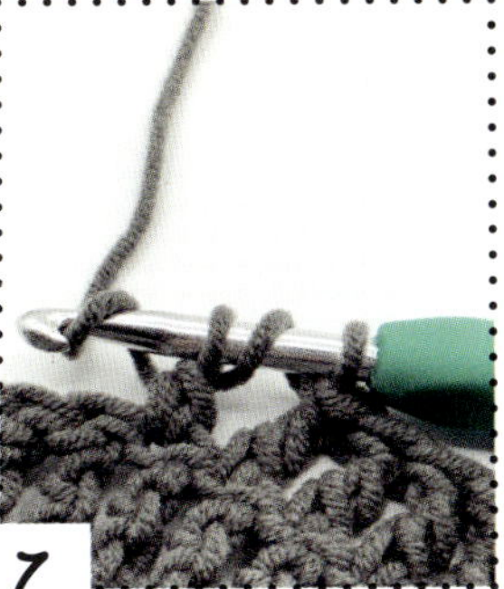

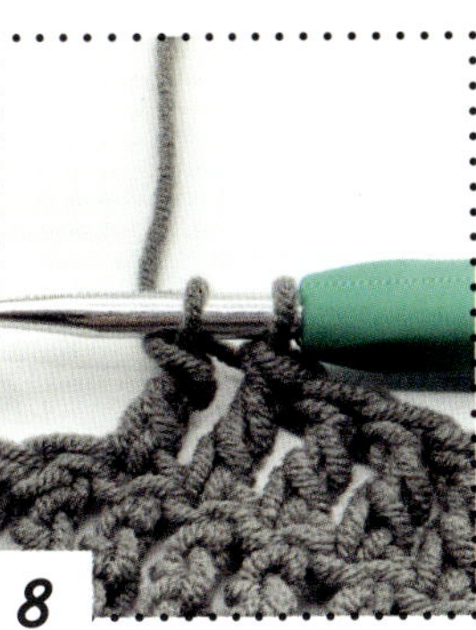

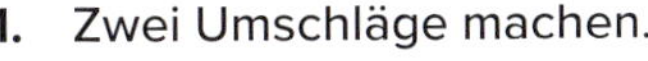

1. Zwei Umschläge machen.
2. In die Masche stechen.
3. Einen Umschlag machen.
4. Den Faden durch die Masche ziehen (es befinden sich vier Schlingen auf der Häkelnadel).
5. Einen Umschlag machen.
6. Den Faden durch zwei Schlingen ziehen (es befinden sich drei Schlingen auf der Nadel).
7. Einen Umschlag machen.
8. Den Faden durch zwei Schlingen ziehen (es befinden sich zwei Schlingen auf der Nadel).
9. Einen Umschlag machen.
10. Den Faden durch die zwei verbleibenden Schlingen ziehen.

Doppelstäbchen (DStb) verwende ich nur in Ausnahmefällen und ausschließlich mit dünnem Garn zum Anfertigen von Netzen. **Hier gilt das gleiche wie für halbe Stäbchen und Stäbchen: Es wird empfohlen, zu Beginn einer neuen Reihe mit Doppelstäbchen vier Luftmaschen zu häkeln. Ich mache allerdings nur drei.**

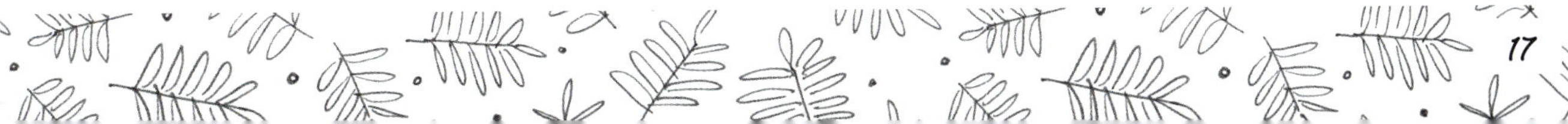

DER FADENRING

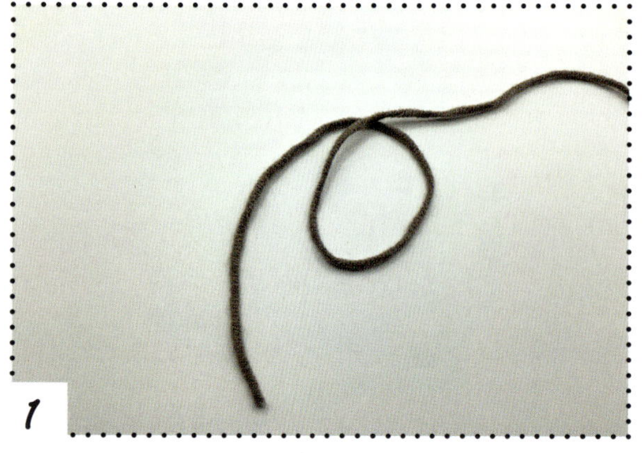
1

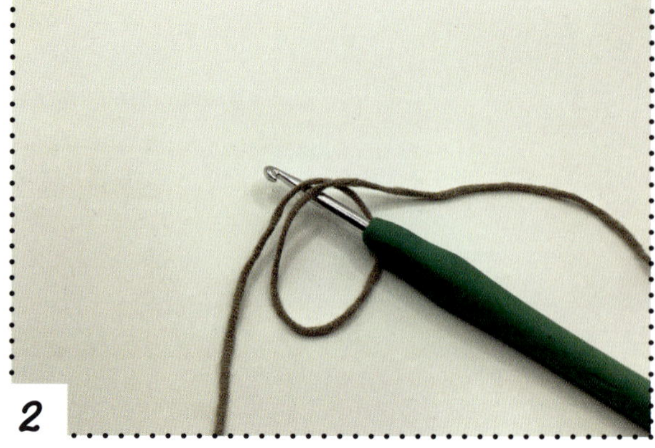
2

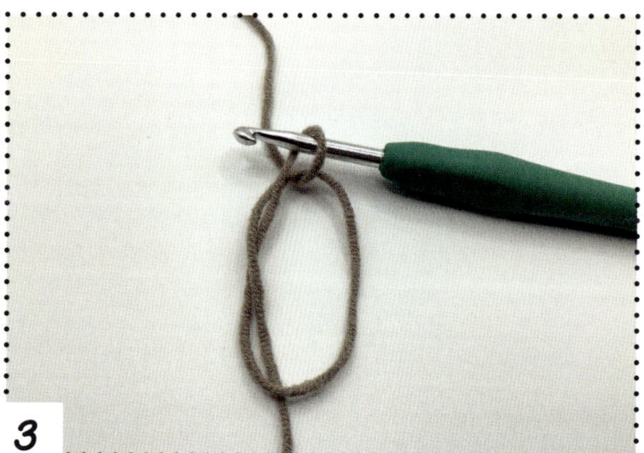
3

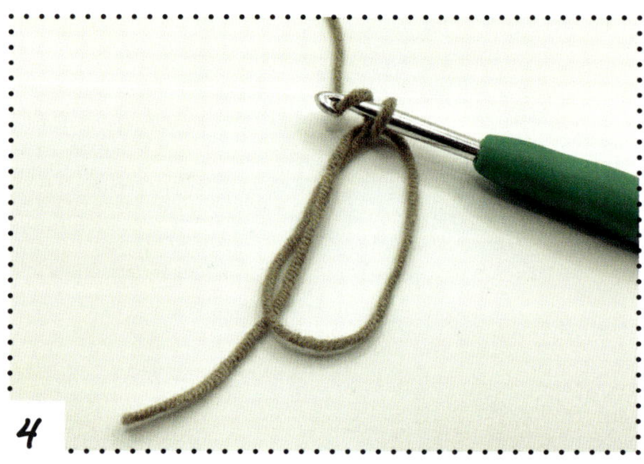
4

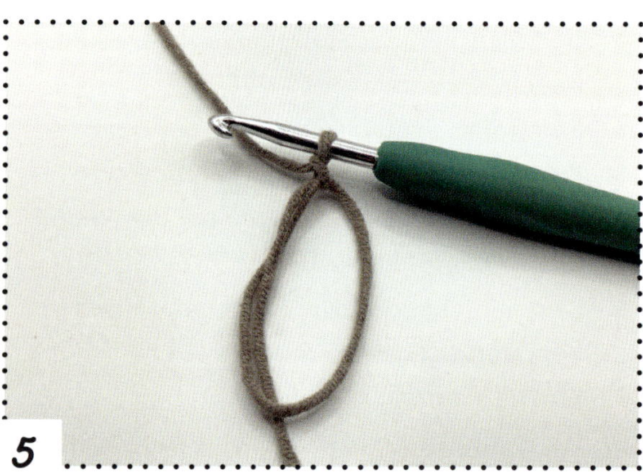
5

1. Einen Ring wie auf dem Foto formen.
2. Die Häkelnadel in den Ring führen.
3. Einen Umschlag machen, und den Faden durch den Ring ziehen.
4. Einen Umschlag machen.
5. Den Faden zu einer Luftmasche ziehen (eine Luftmasche für feste Maschen, zwei für Stäbchen usw.): Es handelt sich hier um die Luftmasche, die am Beginn der Runde steht, also die 0-Masche. Danach wird mit festen Maschen weitergehäkelt.

Weiter mit festen Maschen:

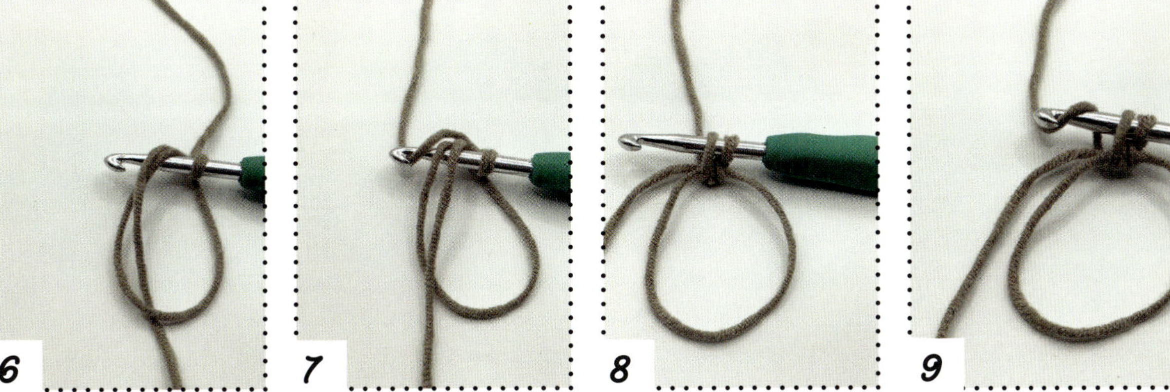

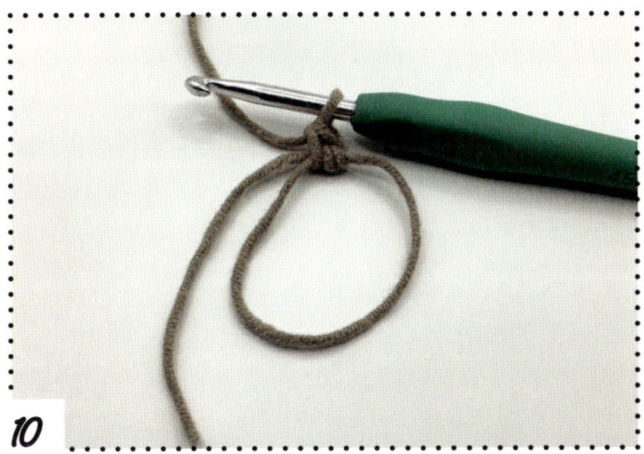

6. Die Häkelnadel in den Ring führen.
7. Einen Umschlag machen.
8. Den Faden durch den Ring ziehen.
9. Einen Umschlag machen.
10. Den Faden durch die zwei Schlingen auf der Häkelnadel ziehen.

Der Fadenring (auch magischer Ring oder Magic Ring genannt), wird sehr oft verwendet. Mit ihm kann in Runden gehäkelt werden. Er wird wie eine normale Masche angesehen und auch so verarbeitet. Das bedeutet, dass bei halben Stäbchen auch hier ein Umschlag gemacht wird, bevor die Häkelnadel in den Ring geführt wird, so wie bei herkömmlichen Maschen. Danach wird ein neuer Umschlag gemacht und durch die drei Schlaufen auf der Häkelnadel gezogen. Kein Grund zur Panik: Anfänger können die erste Runde auch mit festen Maschen häkeln, bevor sie zu der gewünschten Masche übergehen.

Sobald die gewünschte Maschenzahl erreicht wurde, muss nur noch am Faden gezogen werden und schon zieht sich der Ring zusammen. Das ist doch reine Magie!

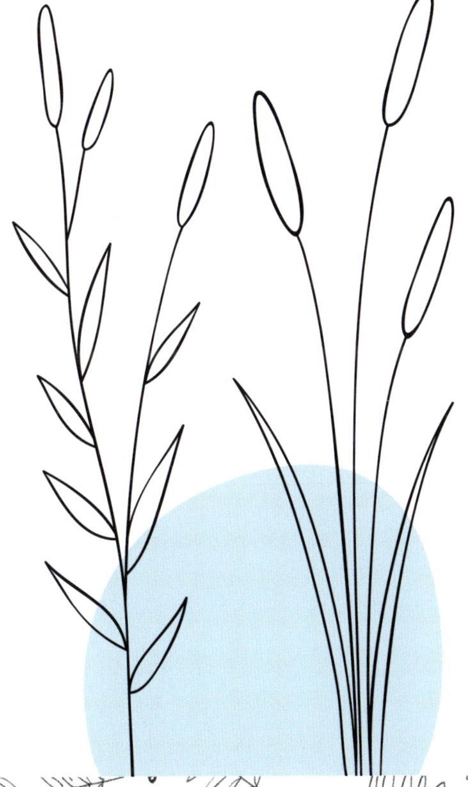

EINE RUNDE SCHLIEẞEN

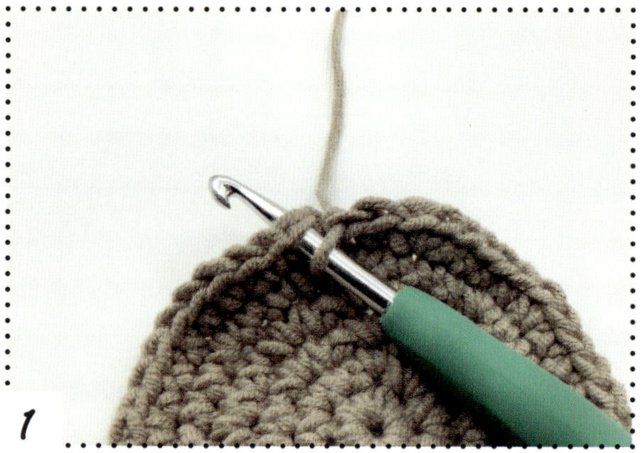
1

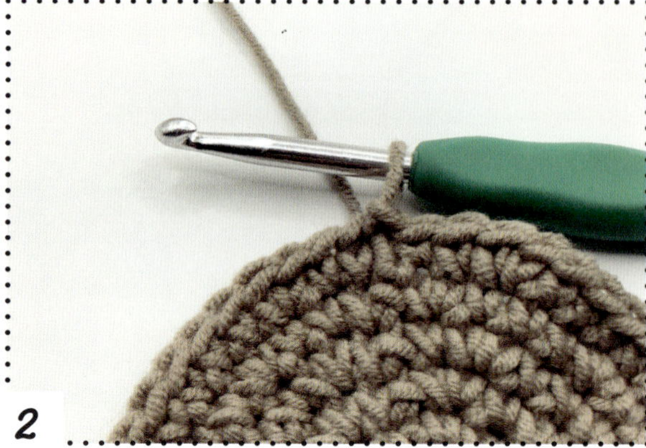
2

1. Häkeln Sie eine Kettmasche in die erste Masche der Runde, um diese zu schließen. Stechen Sie die Häkelnadel hierfür in die erste Masche (markieren Sie diese falls nötig mit einem Maschenmarkierer).
2. Einen Umschlag machen und durch die Masche ziehen.

EINE RUNDE BEGINNEN

Wenn Sie eine Runde geschlossen haben, beginnt die nächste Runde folgendermaßen:

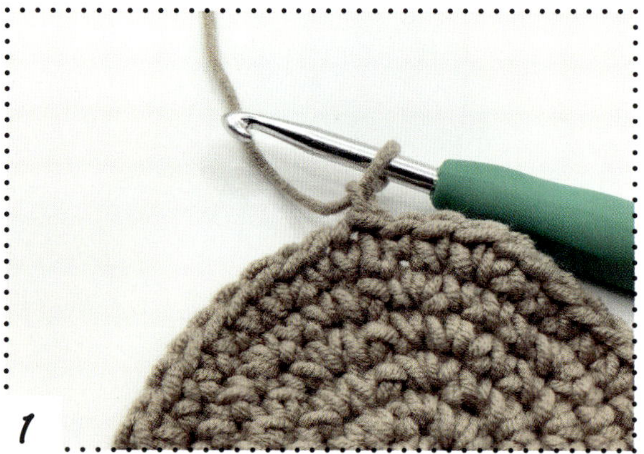
1

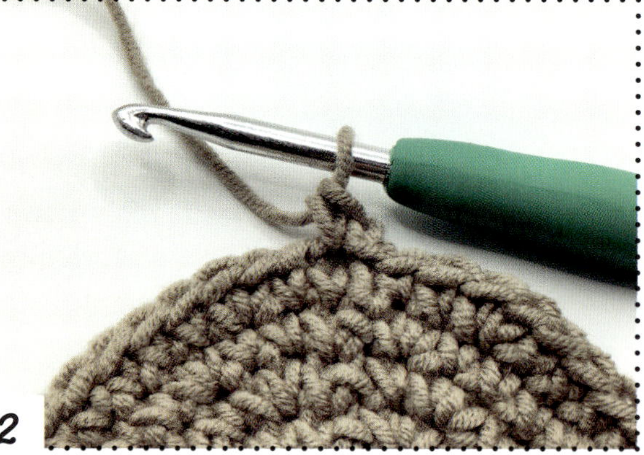
2

1. Beginnen Sie die neue Runde mit einer Luftmasche (eine Luftmasche bei festen Maschen, zwei bei Stäbchen usw.).
2. Häkeln Sie die erste Masche der Runde in die erste Masche der vorherigen Runde.

EINE HÄKELARBEIT UNSICHTBAR BEENDEN

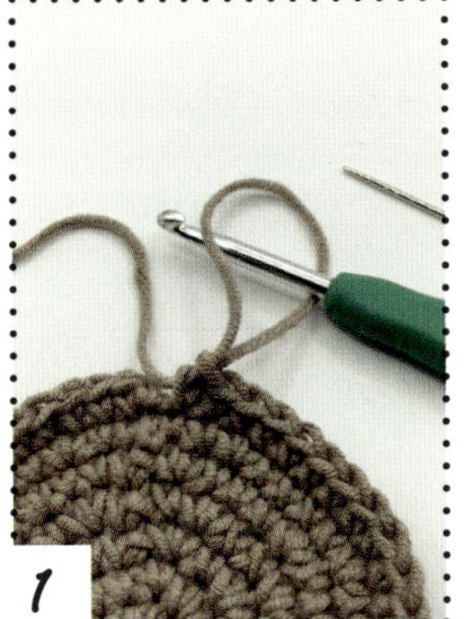
1

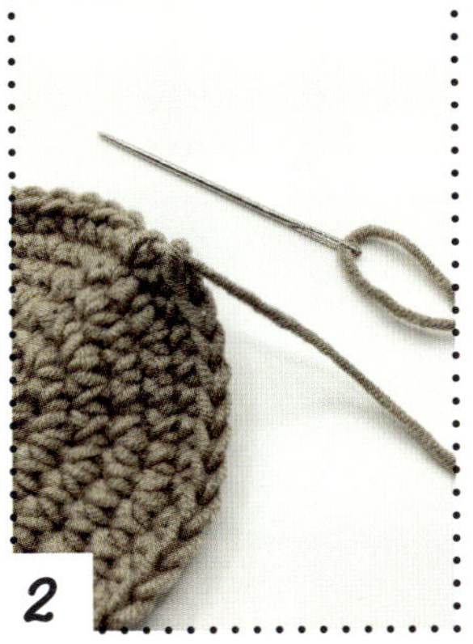
2

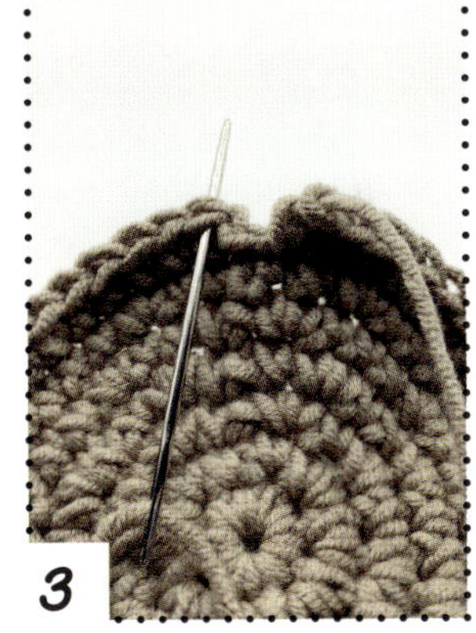
3

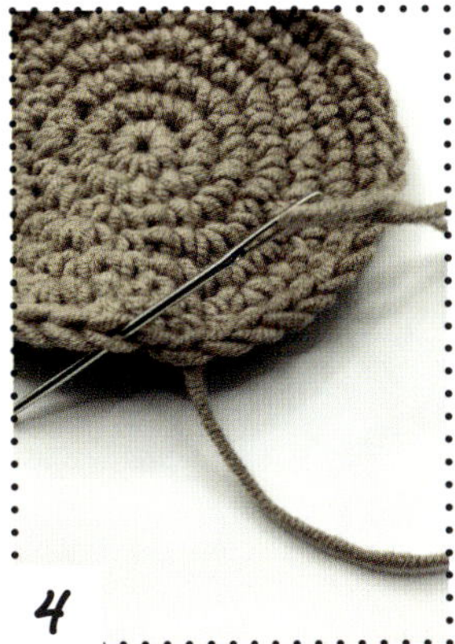
4

1. Wenn Sie die letzte Masche einer Runde gehäkelt haben, schneiden Sie den Faden ab und ziehen Sie ihn aus der Masche.
2. Fädeln Sie ihn in eine Nähnadel ein.
3. Stechen Sie die Nadel in die erste Masche der Reihe, wie mit einer Häkelnadel.
4. Führen Sie die Nadel zum Anfangspunkt des Fadens der letzten Masche und dann durch ihr hinteres Maschenglied. Dann muss der Faden nur noch vernäht werden.

TIPPS

Gerade und ungerade Reihen unterscheiden

Wenn Sie ein paar Reihen gehäkelt haben und nicht mehr wissen, ob Sie gerade an einer geraden oder ungeraden Reihe arbeiten, gibt es einen Trick! Betrachten Sie Ihr Häkelstück genau: Liegt Ihr Anfangsfaden links? Dann handelt es sich um eine ungerade Reihe. Liegt Ihr Anfangsfaden rechts? Dann handelt es sich um eine gerade Reihe.

Locker und fest häkeln

Wenn Sie finden, dass Ihre Maschen zu fest sind, können Sie dem mit einer dickeren Häkelnadel entgegenwirken. Wenn die Maschen für Ihren Geschmack zu locker werden, nehmen Sie einfach eine dünnere Häkelnadel

Reihen und Runden

Wenn Sie in Reihen häkeln, wenden Sie das Werkstück nach jeder Reihe. Häkeln Sie dagegen in Runden, so schließen Sie die Runden (siehe linke Seite) und behalten die Häkelrichtung bei.

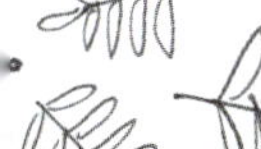

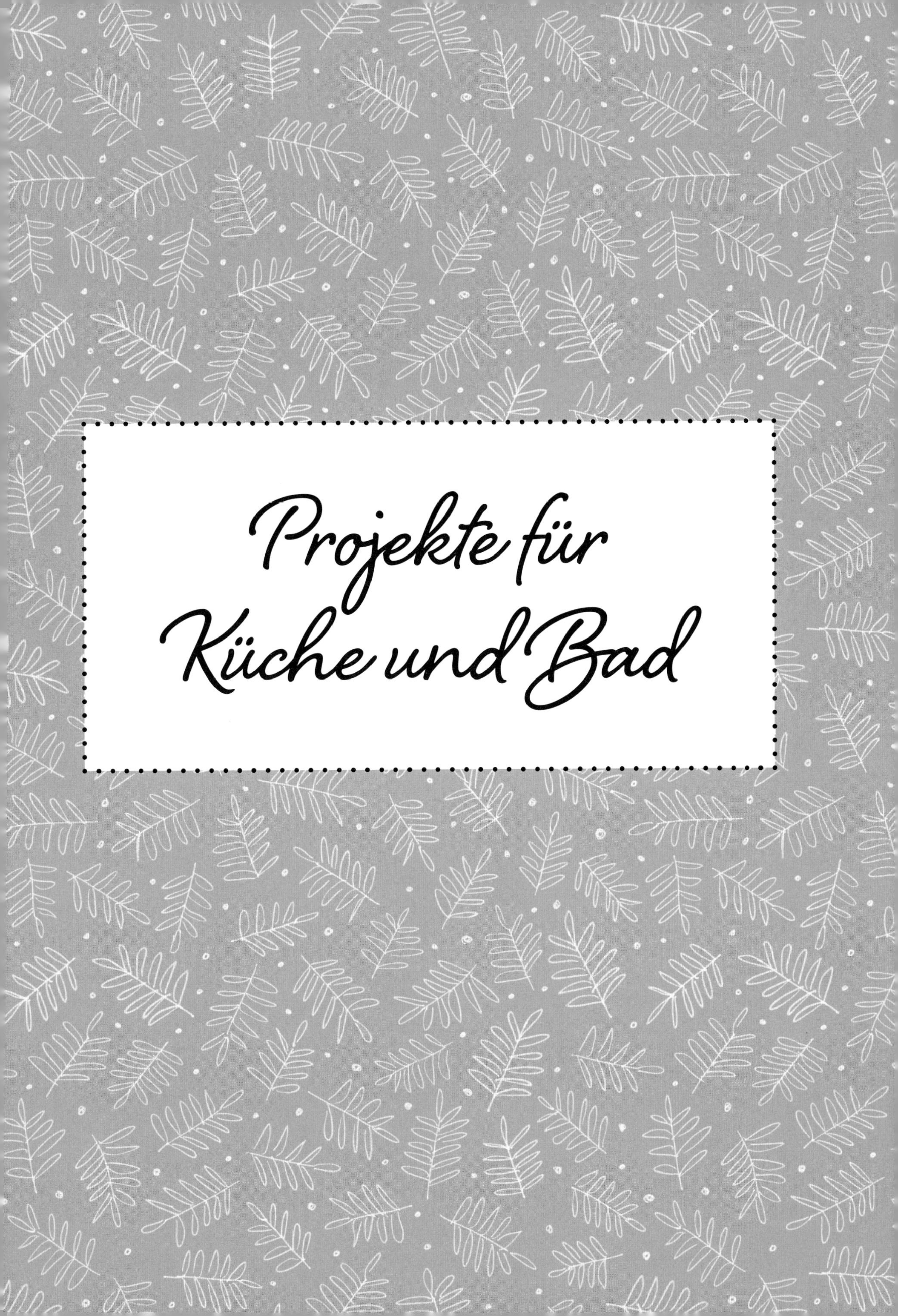

Projekte für Küche und Bad

Saugstarker Schwamm und Scheuerschwamm

Wer Müll vermeiden möchte, sollte seine Schwämme, wenn möglich, selbst anfertigen. Doch auch wenn die Motivation für ein solches Unterfangen da ist, möchte man doch nicht zu viel Zeit darauf verwenden. Daher darf das Projekt nicht zu komplex sein. Die folgenden zwei Modelle sind schnell gehäkelt: Das erste ist ein einfaches Band, das aufgerollt und durch ein Gummi gehalten wird. Es lässt sich zum Waschen und Trocknen ganz einfach wieder ausrollen. Keine Sorge: Auch wenn er so aussieht – dieser Multifunktionsschwamm zerkratzt keine Oberflächen, egal, wie empfindlich diese sind! Das zweite Modell ist dicker und kann aus Garnresten gehäkelt werden. Es dient sowohl zum Spülen von Geschirr als auch zum Säubern der Spüle oder der Arbeitsplatte. Wenn Sie gerne mit großen Schwämmen arbeiten, nehmen Sie einfach doppelt so viel Garn.

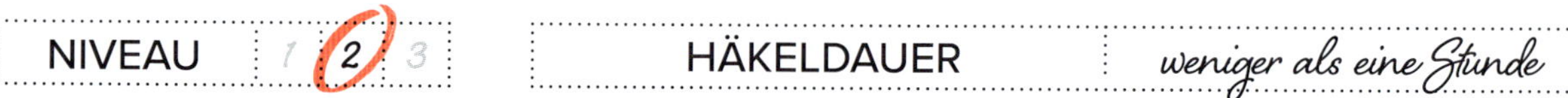

Material

FÜR EINEN QUADRATISCHEN SAUGSTARKEN SCHWAMM MIT EINER SEITENLÄNGE VON 10 CM

- Garn aus 45 % Baumwolle und 55 % Acryl (50 g / 102 m): Ich habe zur Fertigung Knäuel verwendet, die ich auch für die Küchentücher (siehe S. 30) genutzt habe, und sie paarweise kombiniert.
- Häkelnadel 6,0 mm
- 25 cm Band aus Velourskunstleder

FÜR EINEN SCHEUERSCHWAMM MIT EINEM DURCHMESSER VON 10 CM

- Spülschwammgarn 100 % Polyester (50 g / 90 m): Ein Knäuel reicht für 2 Schwämme.
- Häkelnadel 3,5 mm
- 1 Haargummi

Verwendete Maschen

- Luftmasche: Lm
- feste Masche: fM
- Kettmasche: Km
- Stäbchen: Stb

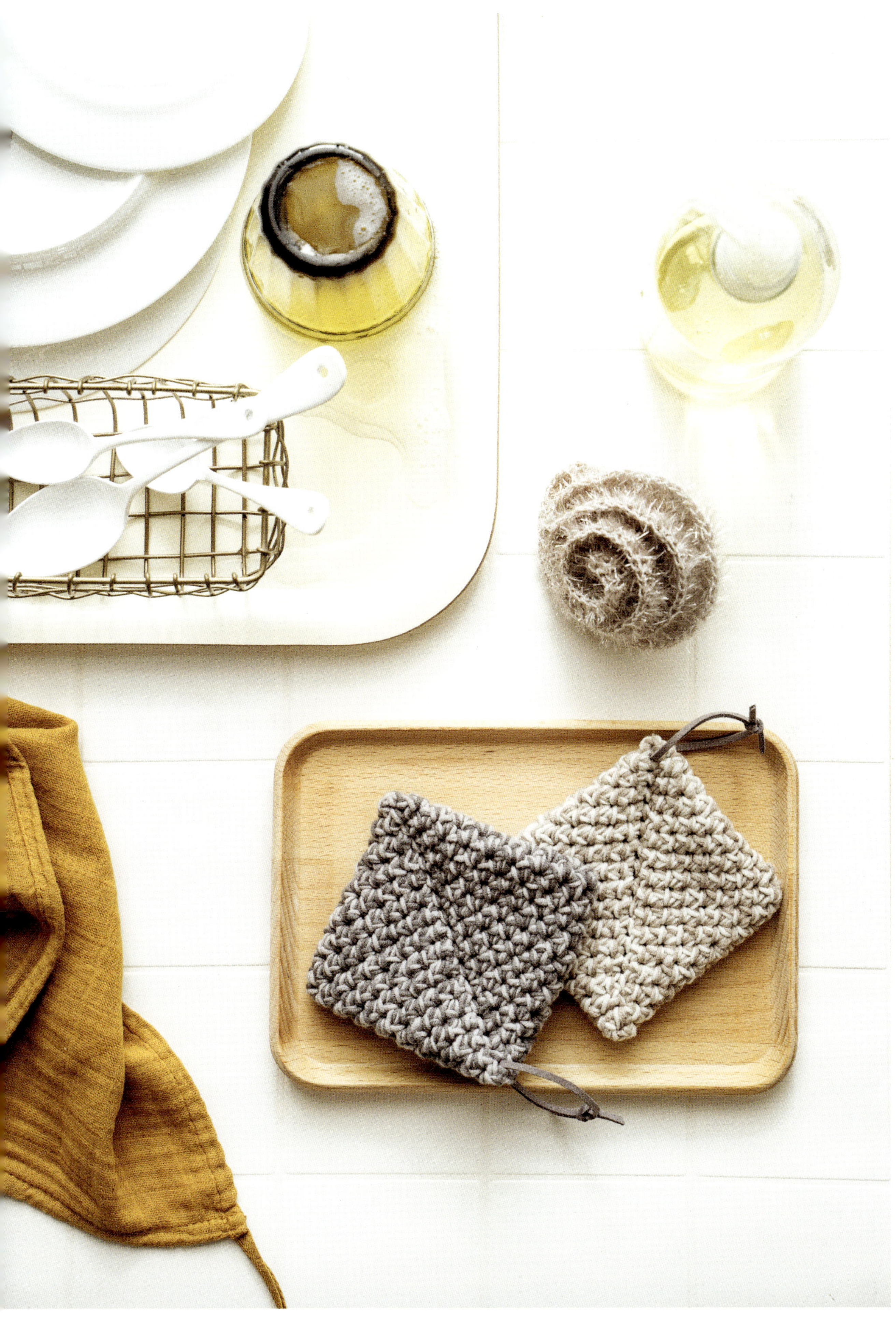

TIPPS UND TRICKS

Der saugstarke Schwamm lässt sich sehr einfach häkeln, wenn Sie erst einmal den Dreh raushaben! Sie beginnen mit einer Luftmaschenkette, um die dann in Runden gehäkelt wird. Dabei wird mit den hinteren Maschengliedern begonnen und dann mit den vorderen Gliedern der gleichen Maschen fortgefahren. Die Ecken bilden sich, da auf beiden Seiten des Häkelstücks in jeder Runde der Faden einmal durchgezogen wird. Sie nähern sich einander an und berühren sich schließlich. Dann werden sie mit einer Naht verbunden. **Dieses Vorgehen funktioniert nur mit einer geraden Zahl von Maschen.**

Vorsicht: Werden diese Schwämme aus 100 Prozent Baumwolle hergestellt, brauchen sie sehr lange zum Trocknen, wenn sie feucht sind. Wenn Sie möchten, dass sie schnell trocknen, verwenden Sie Garn aus Acryl oder Polyester.

Anleitung für den saugstarken Schwamm

RUNDHÄKELN UM EINE LUFTMASCHENKETTE

Für dieses Projekt sollten Sie mit doppeltem Faden von zwei Knäueln häkeln. Schlagen Sie mit der Häkelnadel 6,0 mm eine Luftmaschenkette mit 16 Maschen an.

Anfangsreihe: 1 Lm, dann 1 fM in das hintere Maschenglied der 1. Masche der Luftmaschenkette (2. Masche von der Häkelnadel aus) und in jede der folgenden 15 M. Hier eine Markierung setzen. Die Arbeit so, wie sie jetzt in der Hand liegt, auf die Tischplatte legen und wie Uhrzeiger um 180 Grad drehen – die Vorderseite weist weiterhin nach vorne. Ab hier wird nicht mehr in Reihen, sondern in Runden weitergehäkelt. Das vordere Maschenglied der Luftmaschenkette befindet sich jetzt oben. In das erste Maschenglied einstechen und den Faden durchziehen, um die Runde zu schließen (siehe S. 20).

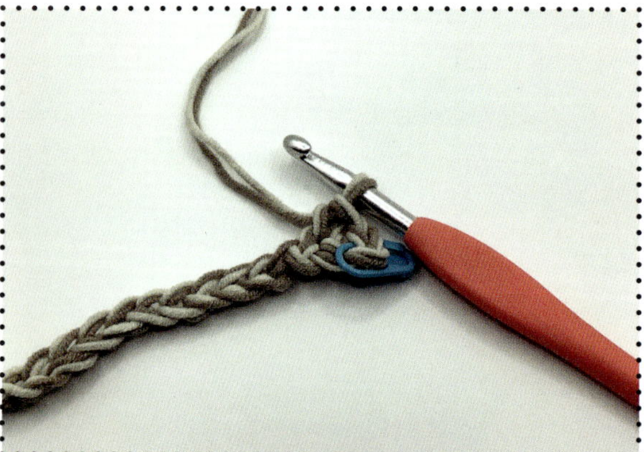

1. Runde: 15 fM häkeln, in die 16. Masche einstechen und den Faden durchziehen. Markierung setzen. 15 fM bis zur Markierung häkeln, in die 16. Masche einstechen und den Faden durchziehen.

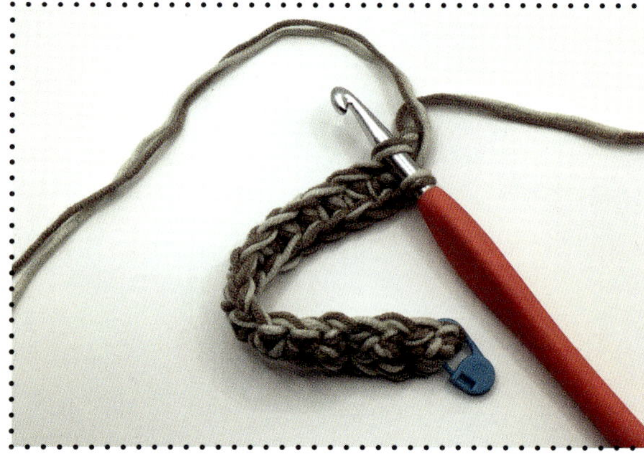

2. bis 9. Runde: 15 fM häkeln, in die 16. Masche einstechen und den Faden durchziehen. Markierung setzen. 15 fM bis zur Markierung häkeln, in die 16. Masche einstechen und den Faden durchziehen.

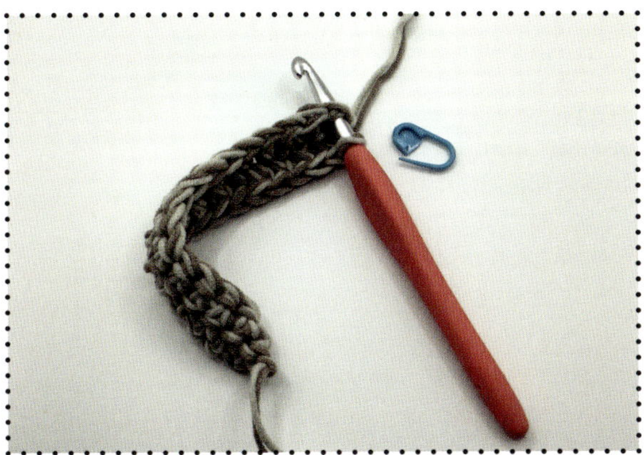

Nach und nach nähern sich die Ecken der Arbeit auf natürliche Weise an: Hören Sie mit dem Häkeln auf, wenn sie sich berühren.

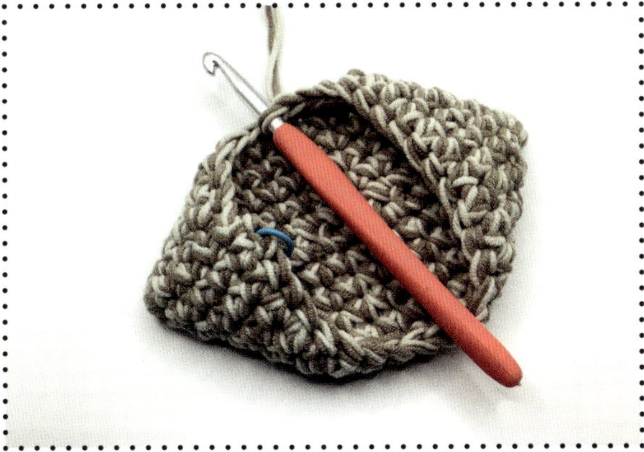

Fäden abschneiden, Häkelstück beenden und die Fäden vernähen.

HINWEIS

Bei diesem Projekt ist es wichtig, in die Vorderseite der Luftmaschenkette zu häkeln (und nicht in die Schlinge auf der Rückseite, wie ich es in der Regel empfehle). Der Maschenmarkierer hilft dabei den Faden immer an den beiden gleichen Stellen in der Runde durchzuziehen.

FERTIGSTELLEN

Die beiden Seiten des Schwamms zusammennähen.

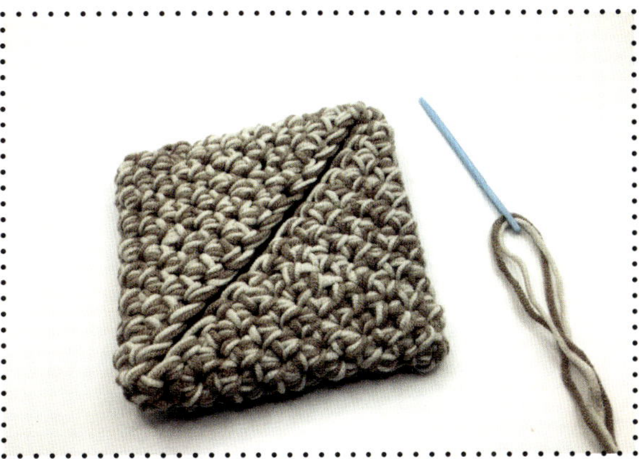

25 cm Velourskunstleder-Band abschneiden und an einer Ecke des Schwamms zwischen 2 fM einfädeln. Verknoten und die beiden Zipfel angleichen.

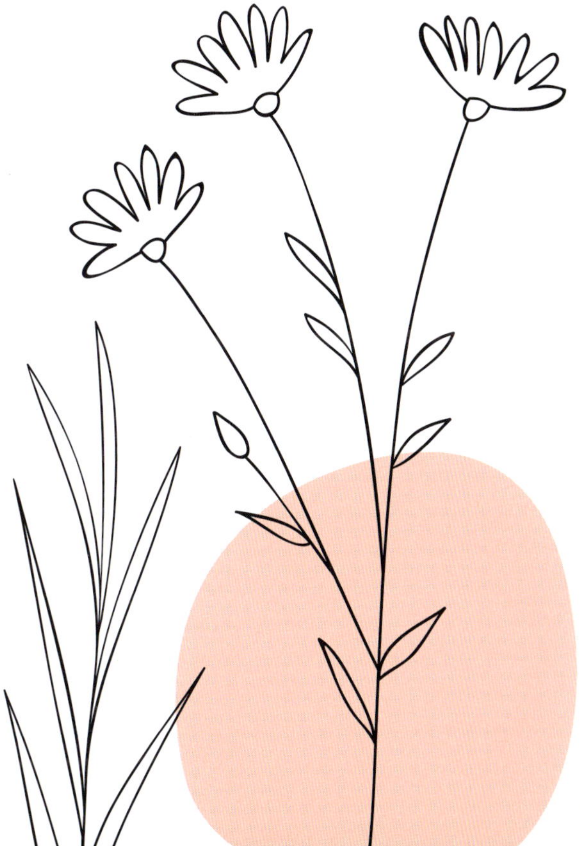

TIPPS UND TRICKS

Der Scheuerschwamm muss unbedingt mit einem Spülschwammgarn gehäkelt werden, das eine spezielle Struktur hat. Die abstehenden Fäden und der Farbton machen es manchmal schwer, die Maschen zu erkennen. Suchen Sie das Garn also mit Bedacht aus.

Die Zahl der verwendeten Maschen bleibt Ihnen überlassen, aber eine ungerade Maschenzahl ermöglicht es, die letzte Reihe mit zwei Maschen in die erste Masche der Vorreihe und zwei in die letzte Masche abzuschließen. Dies ist am Ende zwar nicht sichtbar, macht die Häkelarbeit jedoch perfekt. Wenn Sie sich einen größeren Schwamm wünschen, brauchen Sie nur weitere Maschen an die Luftmaschenkette anzuhängen.

Anleitung für den Scheuerschwamm

IN REIHEN ARBEITEN

Mit der Häkelnadel 3,5 mm eine Luftmaschenkette mit 51 Maschen anschlagen.

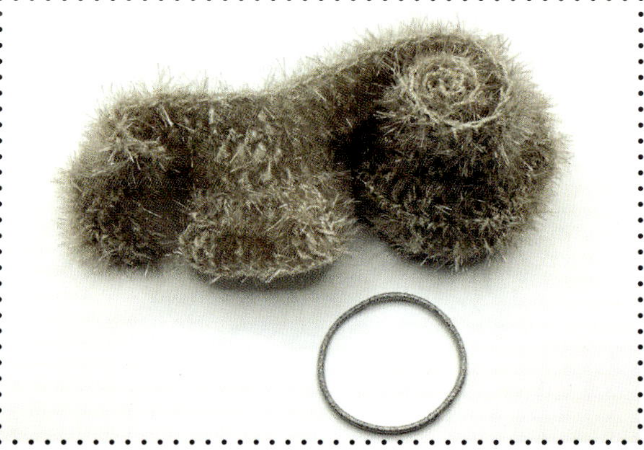

1. bis 3. Reihe: 2 Lm, 1 Stb in die 1. Masche der Vorreihe (3. Masche von der Häkelnadel aus) und in jede der folgenden 50 M.

4. Reihe: 2 Lm, 2 Stb in die 2. Masche der Vorreihe (3. Masche von der Häkelnadel aus) und in jede der folgenden 50 M.

5. Reihe: 2 Lm, 2 Stb in die 2. Masche der Vorreihe (3. Masche von der Häkelnadel aus), * 1 Stb in die folgende Masche, 2 Stb in die folgende Masche *, von * bis * bis zum Ende der Reihe wiederholen.

Die Fäden abschneiden und vernähen.

FERTIGSTELLEN

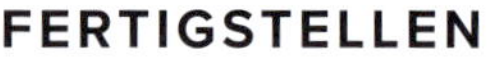

Wickeln Sie das Band wie im Bild gezeigt zu einer Spirale und fixieren Sie diese mithilfe des Gummis, das in Höhe der zweiten Stäbchenreihe positioniert wird.

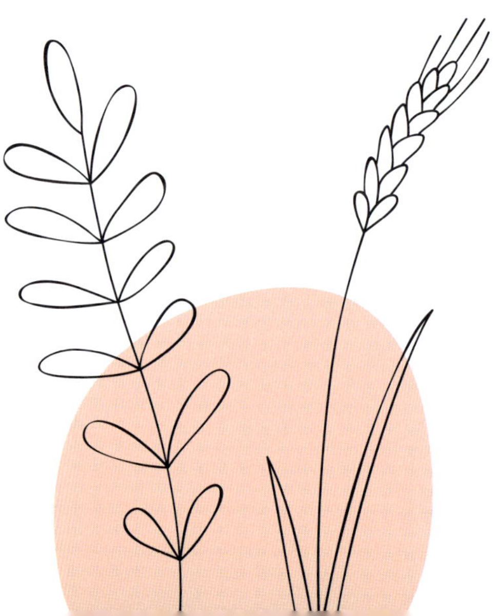

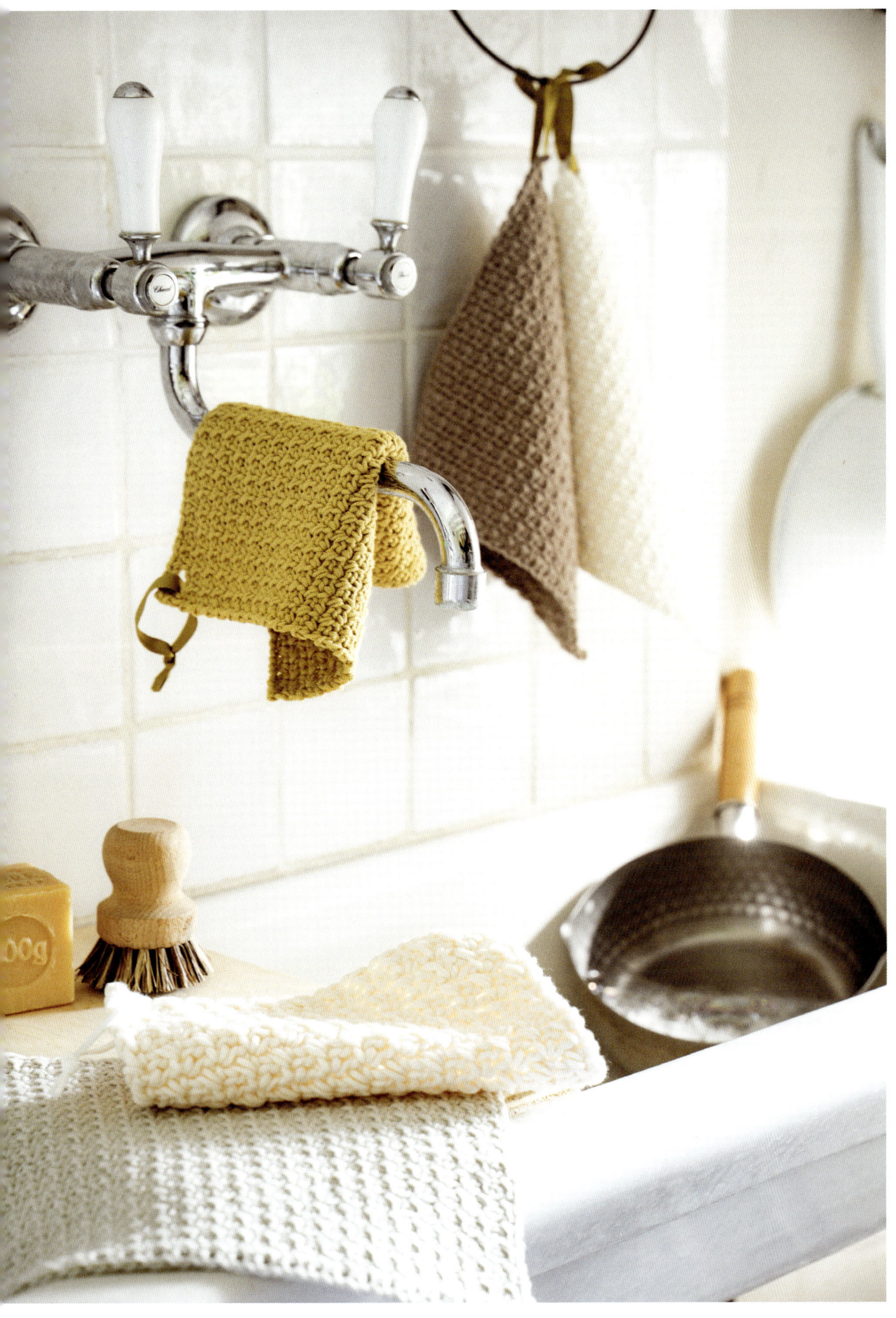

Küchentuch

Wenn Sie eine klassische Küchenrolle ersetzen wollen, wie sie noch viel zu häufig in der Küche verwendet wird, müssen Sie viele Quadrate anfertigen. Daher sollten die Maschen möglichst einfach und schnell zu häkeln und die Fäden dick genug sein. Aus dem gleichen Grund sollte statt einer Schlaufe zum Aufhängen ein Knopfloch gehäkelt werden, in das ein Band gefädelt wird. So erstellen Sie schnell eine schöne Sammlung von bunten Küchentüchern, die nachhaltiger sind als das Küchenpapier von der Rolle.

NIVEAU	1	2	3

HÄKELDAUER	an einem Abend

Material

FÜR EIN QUADRATISCHES KÜCHENTUCH MIT EINER SEITENLÄNGE VON 21 BIS 22 CM

- Garn 45 % Baumwolle und 55 % Acryl (50 g / 102 m): 1 Knäuel
- Häkelnadel 3,0 mm
- Häkelnadel 4,0 mm
- 25 cm Band, 1 cm breit

Verwendete Maschen

- Luftmasche: Lm
- feste Masche: fM

TIPPS UND TRICKS

Hier wird ein gleichmäßiges und strukturiertes Muster mithilfe des sogenannten *Mesh Stitch* erreicht. Es handelt sich dabei um ein Gittermuster aus festen Maschen und Luftmaschen. Er ist ganz einfach und bestens für Anfänger geeignet. Mit ihm kann mühelos eine große Menge an Küchentüchern gehäkelt werden. Lassen Sie beim Aussuchen und Kombinieren der Farben Ihrer Fantasie freien Lauf! Für dieses Projekt eignet sich eine etwas dünnere Häkelnadel besser, da der Stoff so engmaschiger wird. In meinem Beispiel empfiehlt der Hersteller des Garns eine Nadel der Stärke 4,0 oder 4,5. Ich habe die Nadelstärke 4,0 mm benutzt. **Um einen *Mesh Stitch* zu häkeln, benötigen Sie unbedingt eine ungerade Anzahl an Maschen.**

Anleitung

IN REIHEN ARBEITEN

Schlagen Sie mit der Häkelnadel 3,0 mm eine Luftmaschenkette mit 45 Maschen an. Häkeln Sie dann mit einer Häkelnadel der Stärke 4,0 weiter.

Durch die Luftmaschen, die beim Mesh Stitch *zwischen zwei festen Maschen liegen, wird das Tuch schmaler in der Breite, weshalb die Luftmaschenkette mit einer dünneren Nadel angeschlagen werden muss, als der, die für das restliche Tuch verwendet wird.*

Bei dieser Technik werden feste Maschen und Luftmaschen abgewechselt.

1. bis 38. Reih: 1 Lm, 1 fm in die 1. Masche der Vorreihe (2. Masche von der Häkelnadel aus), * 1 Masche mit 1 Lm überspringen, 1 fM *, von * bis * bis zum Ende der Reihe wiederholen (mit 1 fM abschließen).

LETZTE REIHEN UND KNOPFLOCH

39. Reihe: 1 Lm, 1 fM in die 1. Masche der Vorreihe (2. Masche von der Häkelnadel aus), 3 Lm, 3 Maschen mit 3 Lm überspringen, 1 fM, * 1 Lm, 1 Masche mit 1 Lm überspringen, 1 fM *, von * bis * bis zum Ende der Reihe wiederholen.

40. Reihe: 1. Reihe wiederholen

Die Fäden abschneiden und vernähen.

Ein 25 cm langes Band durch das in Reihe 39 entstandene Loch führen. Seine Enden fest verknoten und oberhalb des Knotens gleichmäßig abschneiden.

VARIANTE

Wenn Sie für diese Tücher das gleiche Garn wie für die Topflappen (siehe S. 46) verwenden, müssen Sie 25 Maschen mit der Nadelstärke 5,0 mm anschlagen und dann 24 Reihen mit der Stärke 4,0 häkeln. Zum Schluss habe ich ein Velourskunstlederband durch eine Lücke zwischen zwei festen Maschen in einer Ecke des Tuchs gefädelt.

TIPP

Wenn Sie die Maße der Tücher ändern möchten und sichergehen wollen, dass sie quadratisch werden, brauchen Sie sie nicht abzumessen. Falten Sie sie einfach diagonal zusammen, um zu prüfen, ob Höhe und Länge übereinstimmen.

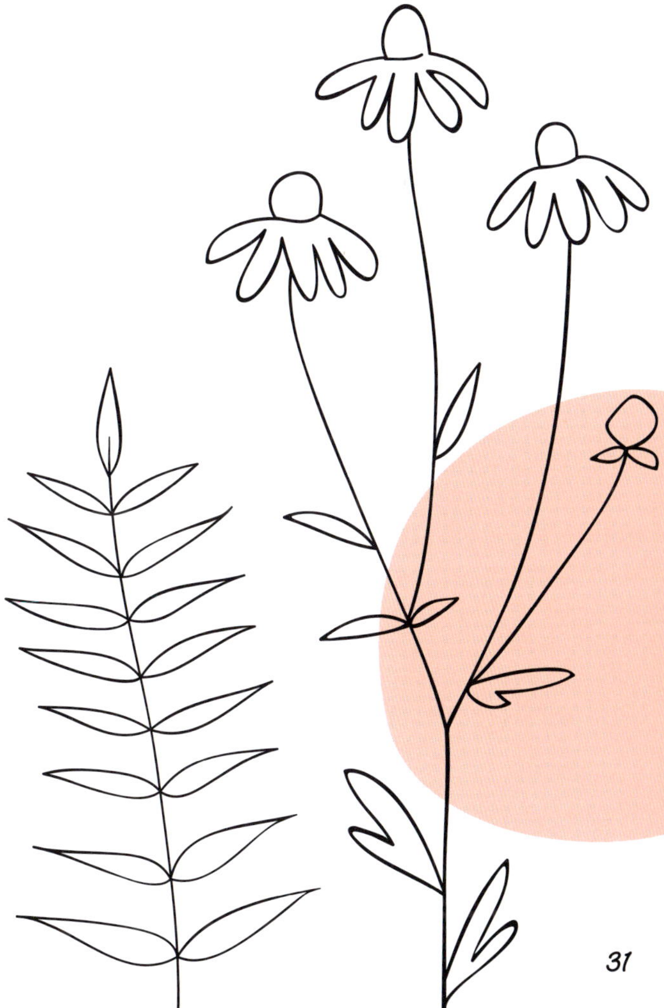

Geschirrtuch

Idealerweise sollte ein Geschirrtuch dünn sein, damit es schnell trocknet, und so saugfähig, dass es perfekt abtrocknet. Suchen Sie ein Baumwollgarn aus, das besonders weich ist, am besten ein umweltfreundliches Produkt aus ökologischem Anbau. Ein solches Tuch eignet sich für alle Arten von Geschirr, auch für sehr empfindliche Gläser. Die Kombination von glattem und leicht strukturiertem Muster erinnert an Geschirrtücher aus alten Zeiten. Wenn Sie mögen, können Sie diesen Eindruck durch Ihre Farbwahl noch verstärken.

NIVEAU	1	2	3

HÄKELDAUER	an einem Wochenende

Material

FÜR EIN GESCHIRRTUCH DER GRÖẞE 35 × 45 CM

- Garn in der Qualität ultrasoft, 100 % Baumwolle (50 g / 190 m): 2 Knäuel der Farbe A (hier: Creme) und 1 Knäuel der Farbe B (hier: Safran oder Terrakotta)

  Aus 3 Knäueln in Creme, 1 Knäuel in Safran und 1 in Terrakotta habe ich 2 Geschirrtücher gehäkelt.
- Häkelnadel 2,5 mm
- Häkelnadel 3,0 mm

Verwendete Maschen

- Luftmasche: Lm
- feste Masche: fM
- halbes Stäbchen: hStb
- Kettmasche: Km
- Thermostich: ThermoSt (siehe S. 48)
- vollständiger Thermostich: vollst ThermoSt (siehe S. 48)

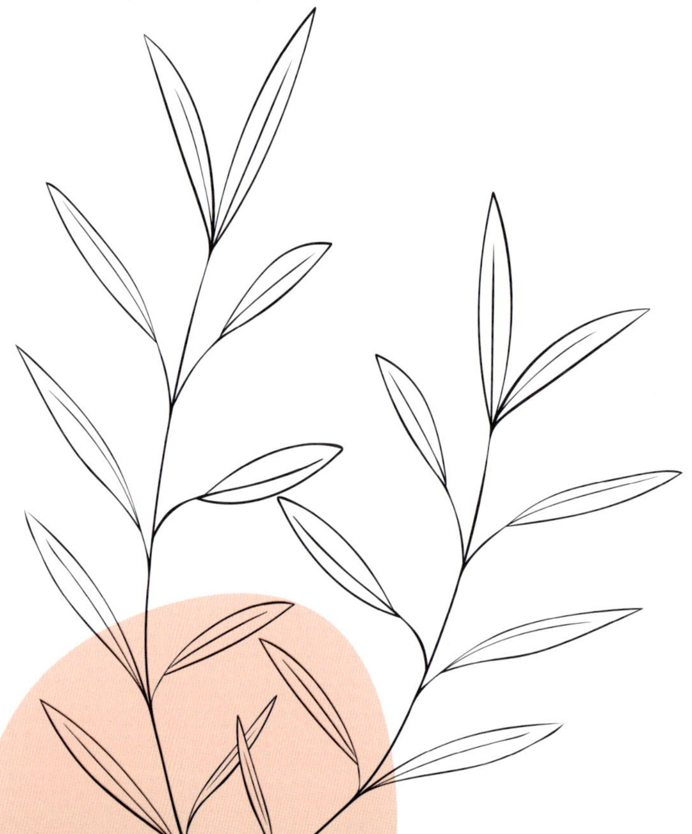

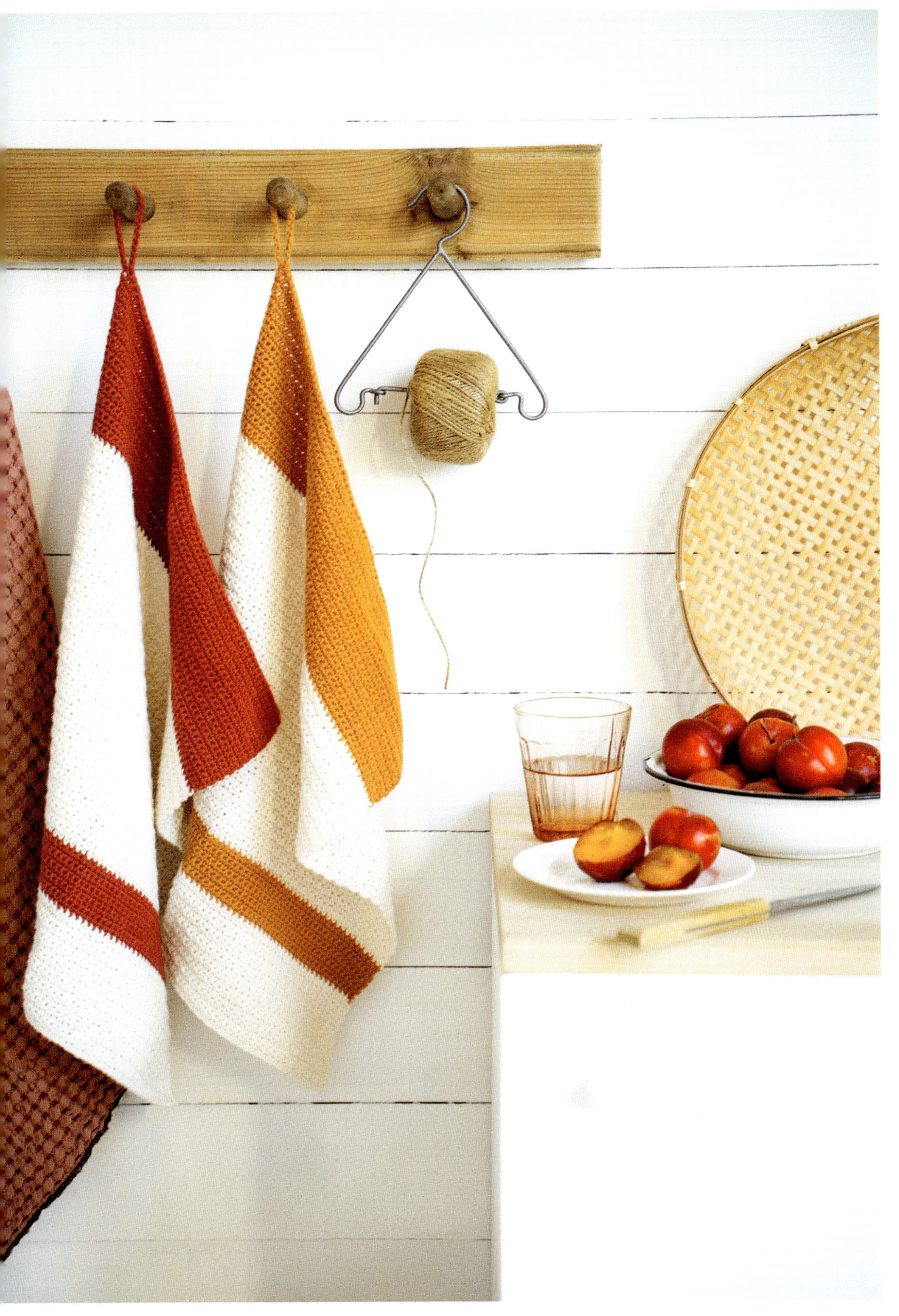

TIPPS UND TRICKS

Bei diesem Muster, das eine Variante des *Lemon Peel Stitch* ist, werden halbe Stäbchen und feste Maschen abgewechselt. Wenn Sie nicht mehr wissen, welche Masche Sie als Nächstes häkeln müssen, halbes Stäbchen oder feste Masche, schauen Sie sich einfach die letzte gehäkelte Masche an.

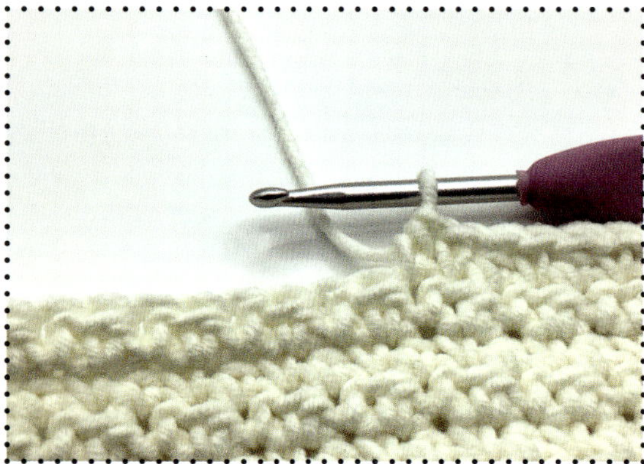

Besteht sie aus drei Schlingen direkt unter der Häkelnadel, haben Sie gerade ein halbes Stäbchen gehäkelt und müssen mit einer festen Masche weitermachen.

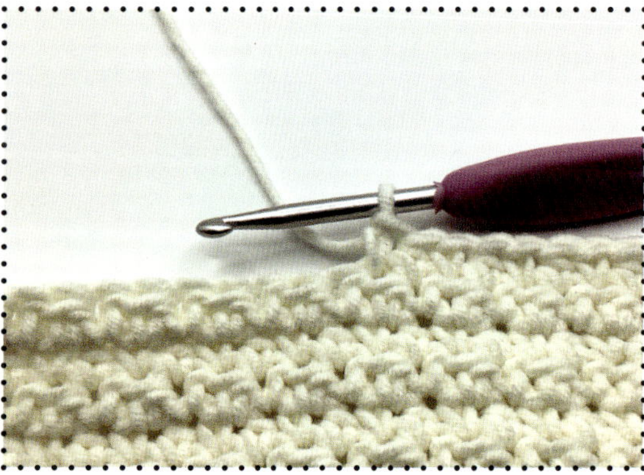

Besteht sie nur aus zwei Schlingen unter der Häkelnadel, haben Sie eine feste Masche gehäkelt. Sie müssen nun mit einem halben Stäbchen fortfahren!

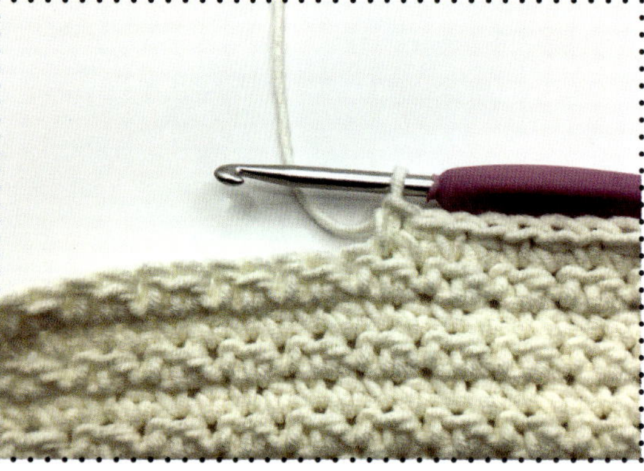

Des Weiteren werden die halben Stäbchen in die festen Maschen der Vorreihe gehäkelt und die festen Maschen in die halben Stäbchen der Vorreihe.

Sie müssen unbedingt eine ungerade Anzahl an Maschen für dieses Muster anschlagen, das ich „Kleiner Lemon Peel Stitch" getauft habe. Beim eigentlichen Lemon Peel Stitch („Zitronenhautmuster") werden Stäbchen und feste Maschen abgewechselt.

Anleitung

IN REIHEN ARBEITEN

Schlagen Sie mit der Häkelnadel 3,0 mm eine Luftmaschenkette mit 75 Maschen in der Farbe A an (hier: Creme). Häkeln Sie dann mit einer Häkelnadel der Stärke 2,5 mm weiter.

FARBE A

1. Reihe (und alle weiteren ungeraden Reihen): 1 Lm, 1 fm in die 1. Masche der Vorreihe (2. Masche von der Häkelnadel aus), * 1 hStb, 1 fM * von * bis * bis zum Ende der Reihe wiederholen (mit 1 fM abschließen).

Die ungeraden Reihen lassen sich daran erkennen, dass sich der Anfangsfaden des Projekts links von Ihnen befindet.

2. Reihe (und alle weiteren geraden Reihen): 1 Lm, 1 hStb in die 1. Masche der Vorreihe (2. Masche von der Häkelnadel aus), * 1 fM, 1 hStb *, von * bis * bis zum Ende der Reihe wiederholen (mit 1 hStb abschließen).

Die geraden Reihen lassen sich daran erkennen, dass sich der Anfangsfaden des Projekts rechts von Ihnen befindet.

Für den Farbwechsel den letzten Umschlag (und nur diesen) der letzten Masche in der neuen Farbe ansetzen.

FARBE B

Alle Reihen: 1 Lm, 1 fM in die 1. Masche der Vorreihe (2. Masche von der Häkelnadel aus) und in jede der folgenden Maschen.

Ich habe die folgende Farbkombination erstellt:

- Farbe A: 16 Reihen,
- Farbe B: 10 Reihen,
- Farbe A: 48 Reihen,
- Farbe B: 24 Reihen (einschließlich der beiden letzten Reihen).

DIE BEIDEN LETZTEN REIHEN (FARBE B)

23. Reihe: 1 Lm, 1 fM in die 1. Masche der Reihe (2. Masche von der Häkelnadel aus) und in jede der folgenden Maschen, 24 Lm mit Häkelnadel 3,0 mm, dann wieder mit 2,5 mm arbeiten: 1 Km in die gleiche Masche der Reihe (in die letzte fM), um die Schlaufe zu schließen.

24. Reihe: 1 Lm, 1. Masche der Schlaufe überspringen, 1 Km in jede der restlichen 23 Maschen der Schlaufe, 1 Km in jede der 74 Maschen der Vorreihe.

Die Fäden abschneiden und vernähen.

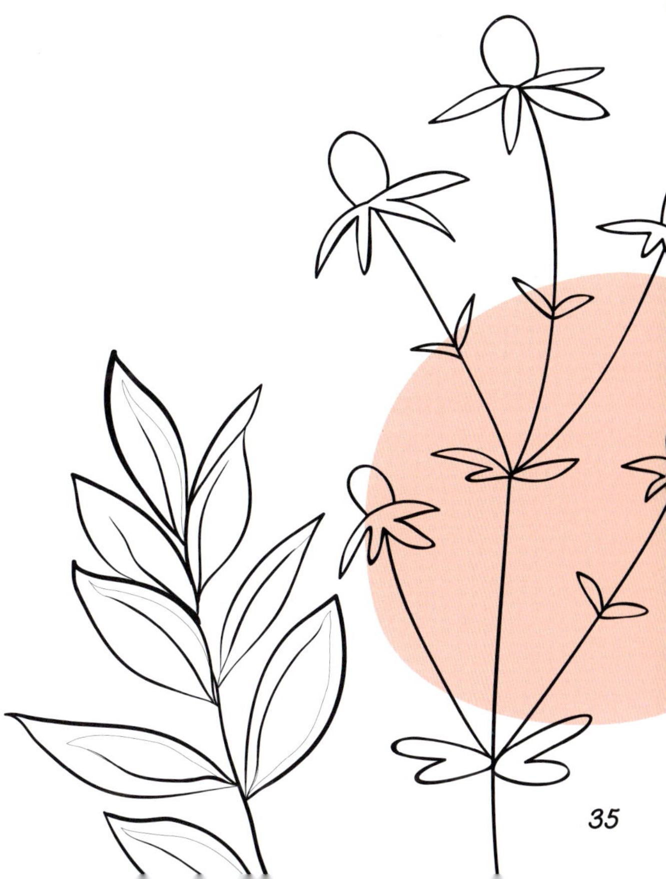

Handtuch und Schwamm mit Schachbrettmuster

Zu oft wird noch die Küchenrolle zum Abtrocknen der Hände oder zum Abwischen des Esstischs verwendet. Dabei könnte sie ganz einfach mit einem kleinen, weichen Tuch ersetzt werden, das zudem noch pflegeleicht ist. Hierzu eignet sich dieses einfach zu verarbeitende Garn perfekt, da es gezwirnt ist. Zwei Knäuel reichen für ein Tuch. Ein einfarbiger Streifen am oberen Ende des Tuchs mildert den bunten Effekt, der durch das melierte Grundgarn entsteht. Aus dem restlichen Garn können Sie einen praktischen Schwamm mit Schachbrettmuster häkeln!

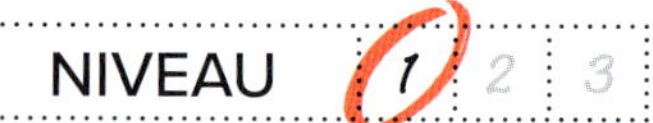

HÄKELDAUER | an einem Tag

Material

FÜR EIN HANDTUCH DER GRÖẞE 32 × 40 CM

- Garn 90 % Baumwolle und 10 % Polyamid (50 g / 140 m): 2 Knäuel (Farbe A)
- Garn 70 % Baumwolle und 30 % Polyacryl (50 g / 140 m): 1 Knäuel (Farbe B)
- Häkelnadel 4,0 mm
- 25 cm Ripsband, 1 cm breit

Verwendete Maschen

- Luftmasche: Lm
- feste Masche: fM
- 2 feste Maschen zusammenhäkeln: 2 fM zus

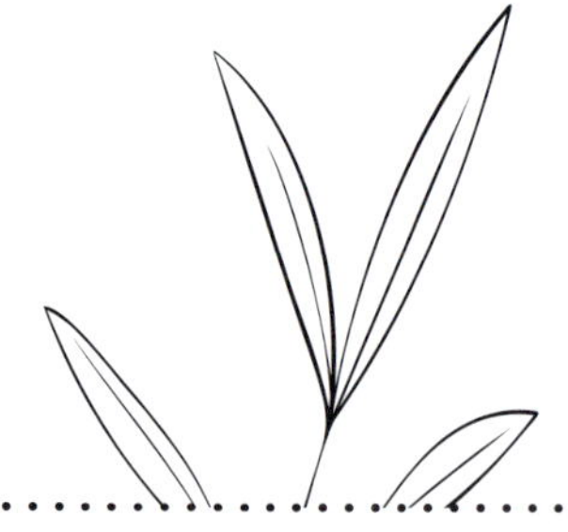

TIPPS UND TRICKS

Bei diesen kleinen Tüchern habe ich mich für ein grafisches Muster entschieden, das einfach und schnell gefertigt werden kann. Hierzu werden jedes Mal zwei feste Maschen zusammen abgemascht und dann eine Luftmasche gehäkelt. So bleibt die ursprüngliche Maschenzahl immer gleich. Damit durch die Luftmaschen keine Zwischenräume im Muster entstehen, wird mit einer kleineren Häkelnadel gearbeitet (Häkelnadel 4,0 mm, wenn für das Garn Stärke 4,0 oder 4,5 empfohlen wird). **Dieses Muster setzt eine ungerade Maschenzahl voraus.**

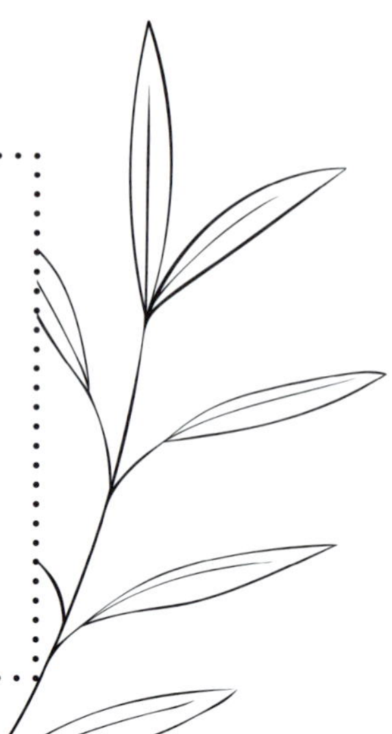

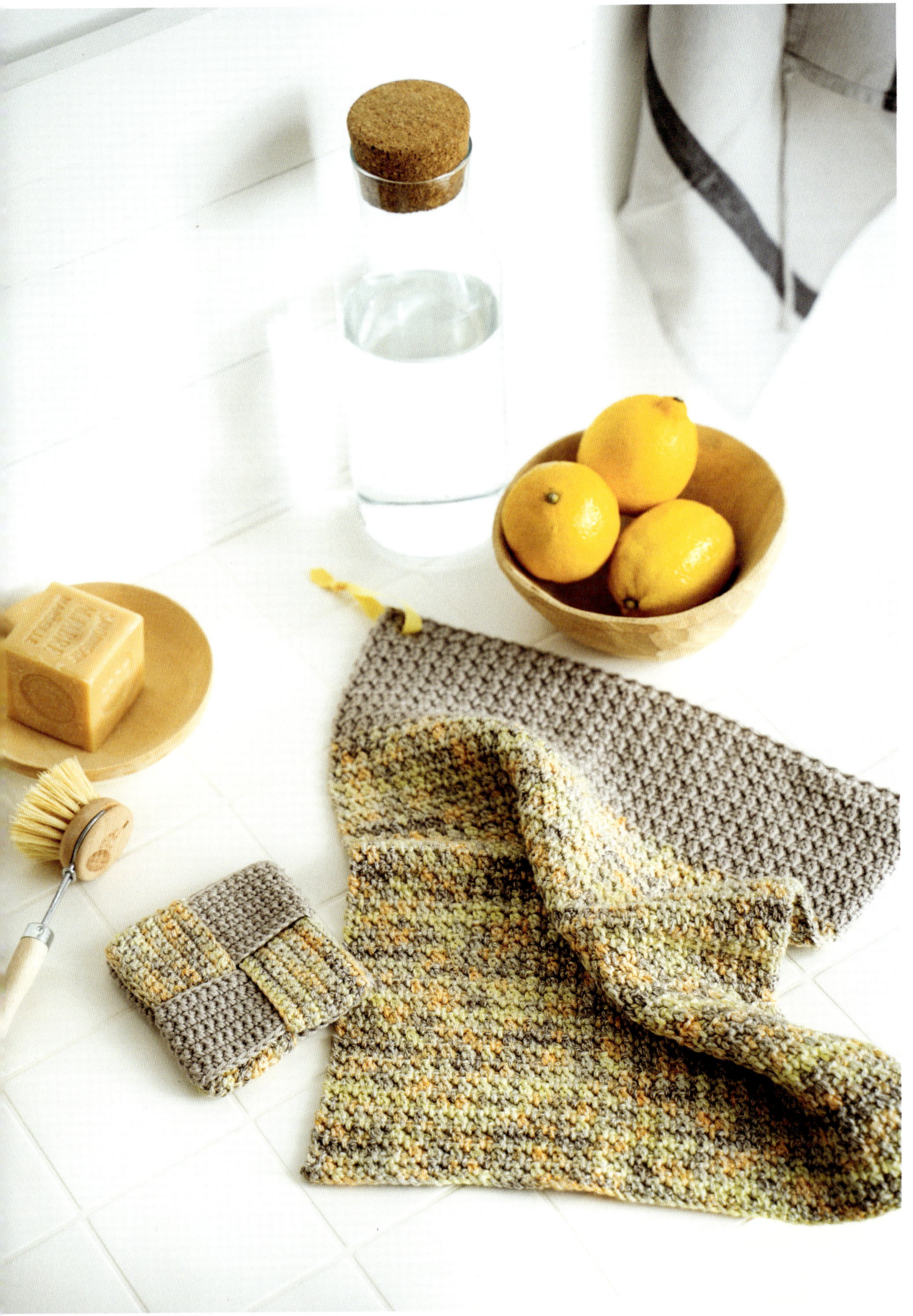

2 FESTE MASCHEN ZUSAMMENHÄKELN

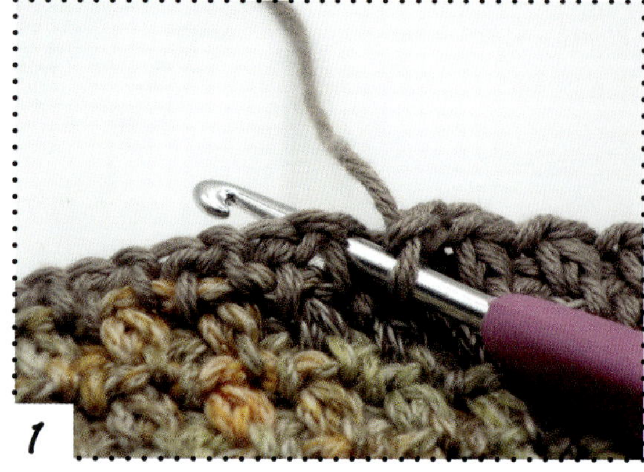

2 feste Maschen zusammenhäkeln (2 fM zus) beginnt mit dem Einstechen der Häkelnadel in die erste Masche.

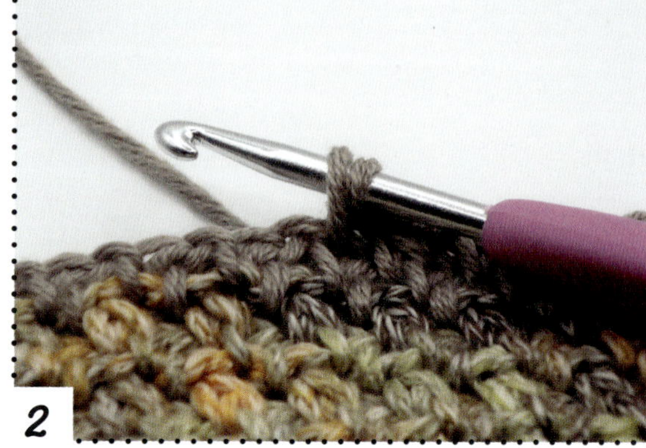

Einen Umschlag machen und durch die Masche ziehen (es befinden sich zwei Schlingen auf der Häkelnadel).

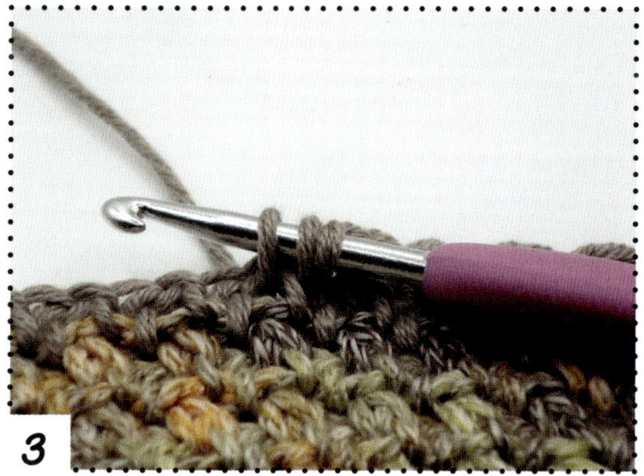

Die Häkelnadel in die nächste Masche stechen, einen Umschlag machen und durch die Masche ziehen (es befinden sich drei Schlingen auf der Häkelnadel).

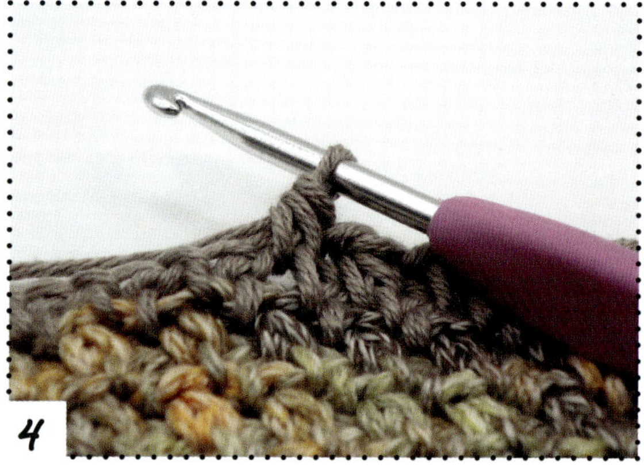

Einen Umschlag machen und den Faden durch die drei Schlingen ziehen.

Anleitung für das Handtuch

IN REIHEN ARBEITEN

Häkeln Sie mit der Häkelnadel 4,0 mm und dem Garn in der Farbe A eine Luftmaschenkette mit 65 Maschen.

1. Reihe (und alle weiteren Reihen): 1 Lm, * 2 fM zus, 1 Lm *; von * bis * wiederholen, bis alle Maschen der Reihe bis auf eine gehäkelt sind. Die Reihe wird mit einer fM beendet.

Für den Farbwechsel den letzten Umschlag (und nur diesen) der letzten Masche in der neuen Farbe ansetzen.

HINWEIS

Ich habe 62 Reihen in der Farbe A und 18 Reihen in der Farbe B gehäkelt. Sie können die Proportionen der beiden Farben ganz nach Geschmack ändern oder das gesamte Häkelstück in der gleichen Farbe anfertigen!

DIE DREI LETZTEN REIHEN (FARBE B)

16. Reihe: 1 Lm, * 2 fM zus, 1 Lm *, von * bis * wiederholen bis zu den vorletzten 2 fM zus, die durch 2 Lm ersetzt werden (für das Knopfloch), 2 Maschen überspringen, 2 fM zus, 1 Lm, 1 fM in die letzte Masche der Vorreihe.

17. und 18. Reihe: 1 Lm, * 2 fM zus, 1 Lm *, von * bis * wiederholen, bis alle Maschen der Reihe bis auf eine gehäkelt sind, die Reihe mit einer fM beenden.

Die Fäden abschneiden und vernähen.

25 cm Band abschneiden und durch das Knopfloch fädeln. Die Enden verknoten und durch Abschneiden in der Länge angleichen.

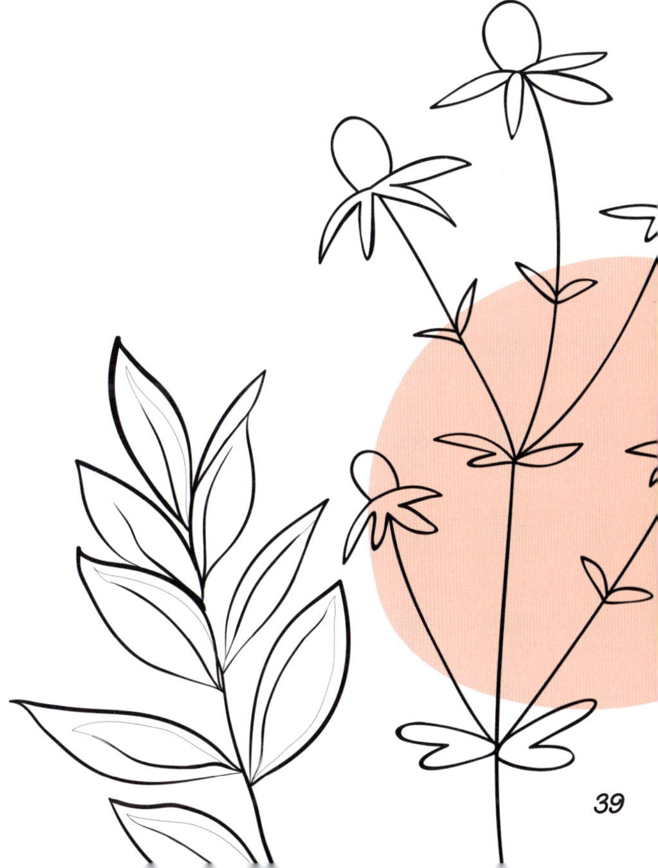

Anleitung für den Schwamm mit Schachbrettmuster

IN REIHEN ARBEITEN

Mit der Häkelnadel 4,0 mm eine Luftmaschenkette mit 36 Maschen häkeln.

1. bis 10. Reihe: 1 Lm, 1 fM in die 1. Masche der Vorreihe (2. Masche von der Häkelnadel aus) und in jede der folgenden Maschen.

Die Fäden abschneiden, dabei aber lang genug lassen, dass die Häkelstücke damit zu Ringen zusammengenäht werden können.

Vier gleiche Häkelstreifen anfertigen, zwei in der Farbe A und zwei in der Farbe B. Um einen quadratischen Schwamm mit einer Seitenlänge von 10 cm herzustellen, müssen die Streifen 20 bis 21 cm lang und 4 bis 4,5 cm breit sein.

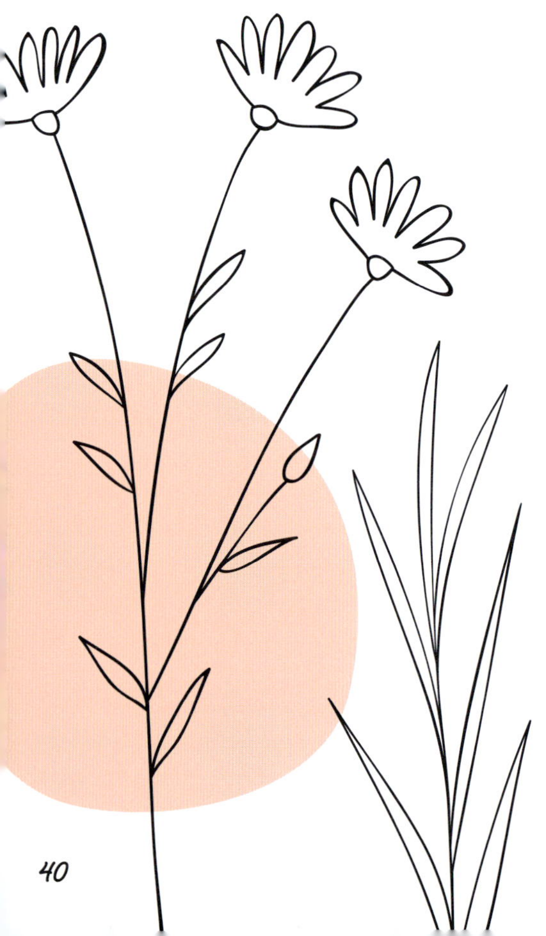

FERTIGSTELLEN

Die zwei Häkelstreifen der Farbe A zu Ringen zusammennähen.

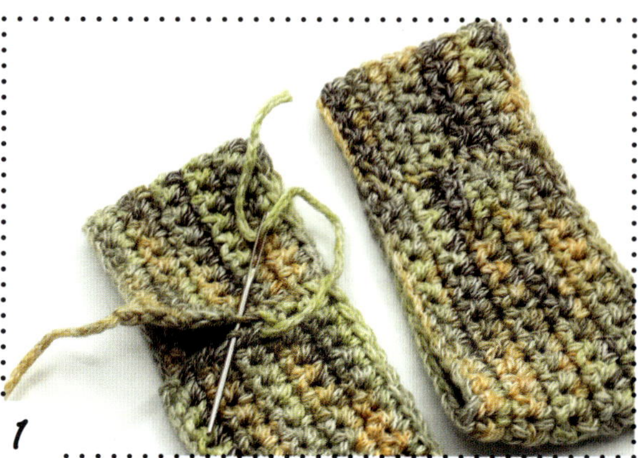

1

Die zwei Ringe in der Farbe A nebeneinander auf die Arbeitsfläche legen, dabei einen Abstand in der Breite eines Rings lassen. Den Häkelstreifen in der Farbe B in die Ringe der Farbe A einführen, dann den rechten Ring in der Farbe A so falten, dass er den linken Ring in der Farbe A berührt.

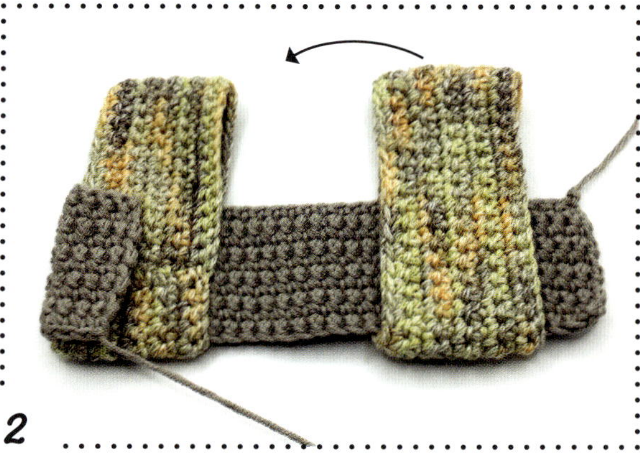

2

Den Häkelstreifen in der Farbe B wie gezeigt zusammenfalten und die Enden zusammennähen. Das Werkstück umdrehen.

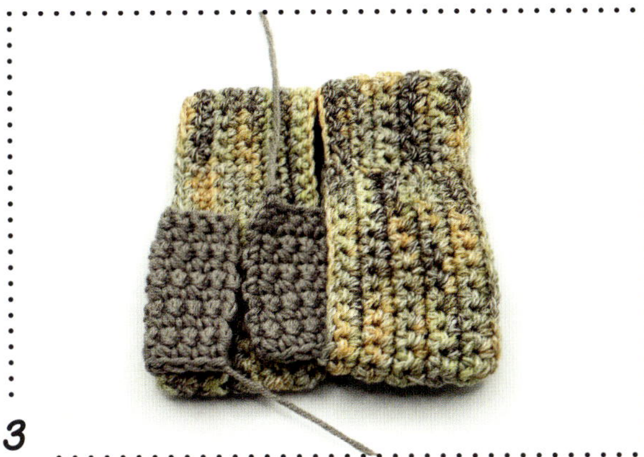

3

Den anderen Häkelstreifen in der Farbe B so durch die Ringe in der Farbe A hindurchführen, dass sowohl auf der Vorderseite als auch auf der Rückseite ein Schachbrettmuster entsteht.

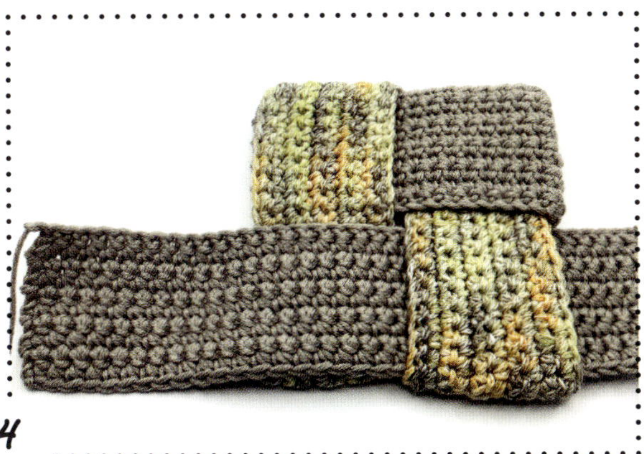

4

Den Häkelstreifen in der Farbe B über dem Ring zusammenfalten und zusammennähen. Fäden vernähen und abschneiden.

Die Ringe so verschieben, dass die Nähte nicht mehr zu sehen sind.

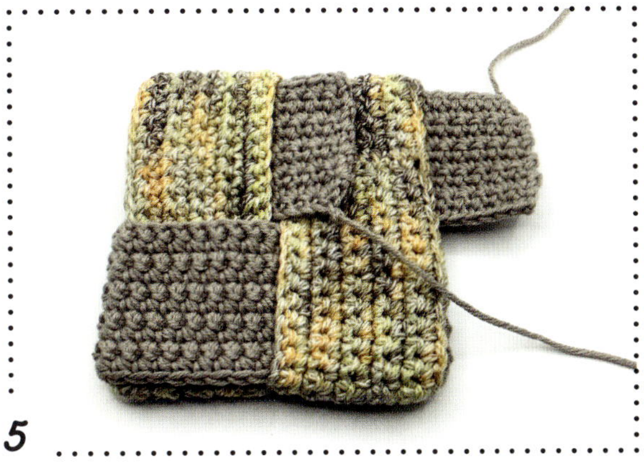

5

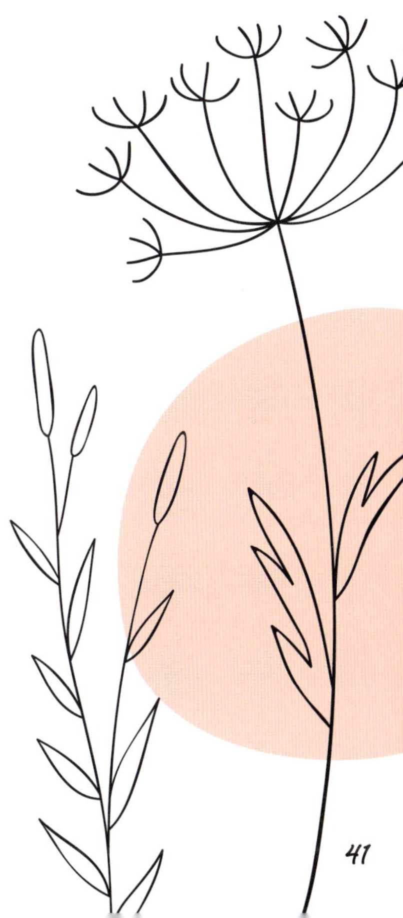

Bodenwischtuch

Diese selbst gefertigten Bodenwischtücher sind ideal, um die Einwegwischtücher zu ersetzen, die noch viel zu häufig in unseren Haushalten zu finden sind. Sie lassen sich einfach auf einem Wischer anbringen, sind bei 30 °C maschinenwaschbar, trocknen schnell und werden sofort unverzichtbar. Wenn Sie sie in fröhlichen, bunten Farben anfertigen, macht das Putzen richtig Spaß!

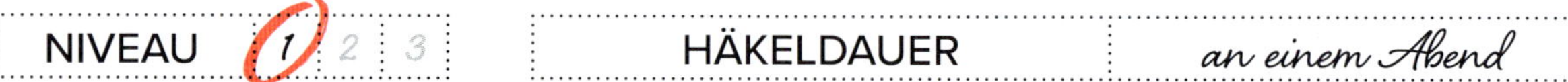

Material

FÜR EIN 29 × 24 CM GROßES TUCH

- Veloursgarn 100 % Polyester (40 g / 72 m): 2 Knäuel
- Häkelnadel Nr. 5

Verwendete Maschen

- Luftmasche: Lm
- feste Masche: fM
- Schlingenmasche: Schlingen-M

TIPPS UND TRICKS

Veloursgarn nimmt Staub zuverlässig auf und ist daher ideal für die Fertigung dieser Bodentücher. Schlingenmaschen sind einfacher zu häkeln, als es zuerst scheint, und sie erreichen beim Putzen auch die hintersten Ecken. **Vorsicht: Vor Beginn dieses Projekts ist eine Maschenprobe erforderlich. Je nachdem, welchen Wischmopp Sie verwenden und wie fest Sie häkeln, müssen Sie eventuell den Mittelteil des Tuchs anpassen (den Teil mit den Schlingenmaschen).**

Ist der Mittelteil zu breit und steht beim Wischer über, benötigen Sie eine kürzere Luftmaschenkette. Ist er nicht breit genug, muss die Luftmaschenkette länger sein. In jedem Fall benötigen Sie 12 feste Maschen vor diesem Teil und 12 feste Maschen dahinter. Nur in dem Mittelteil variiert die Maschenzahl. **Die Maschenzahl ist bei diesem Projekt variabel.**

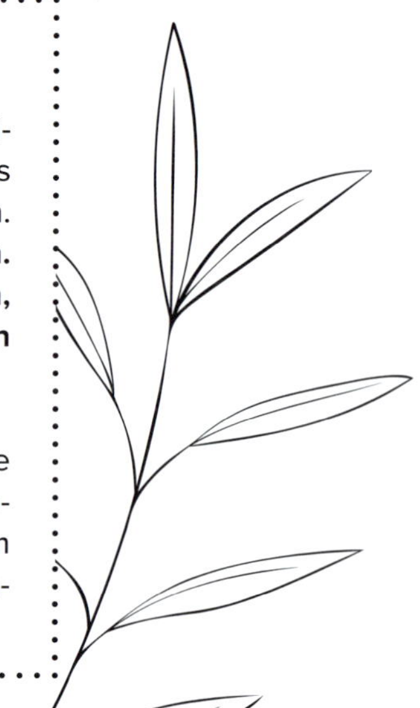

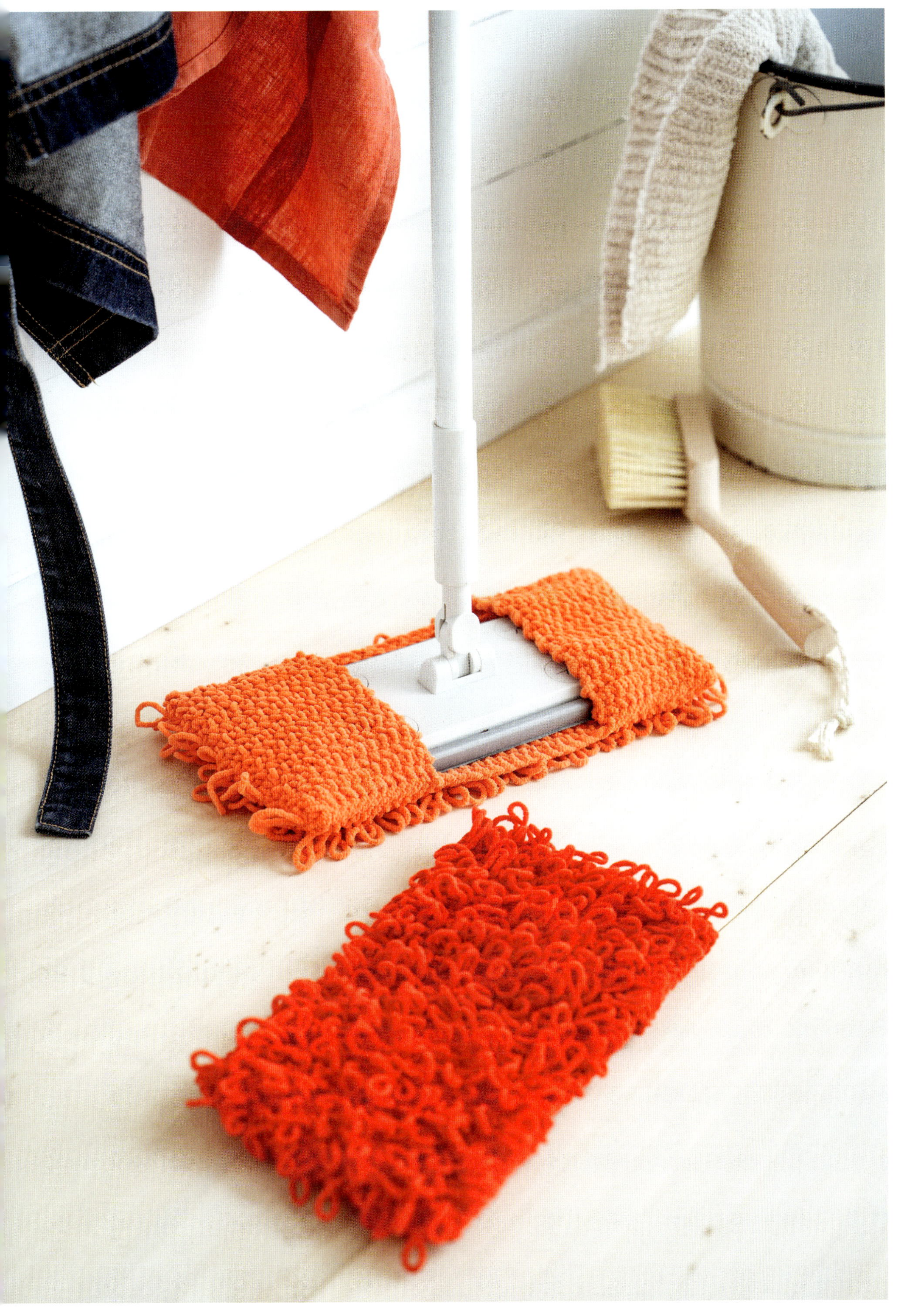

DIE SCHLINGENMASCHE

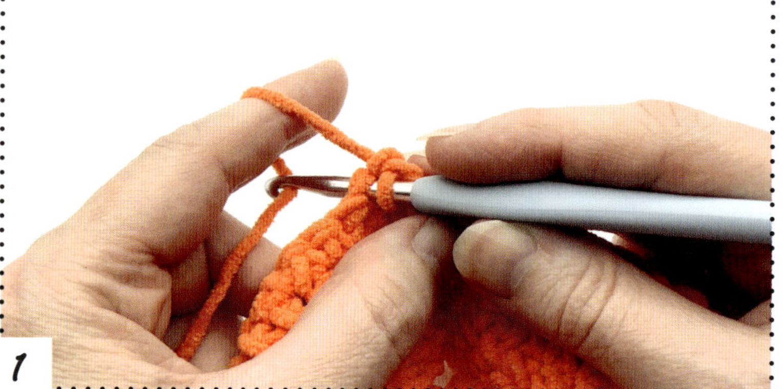

1

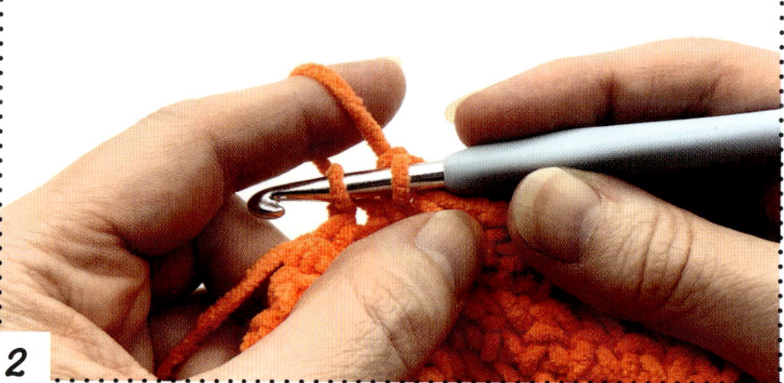

2

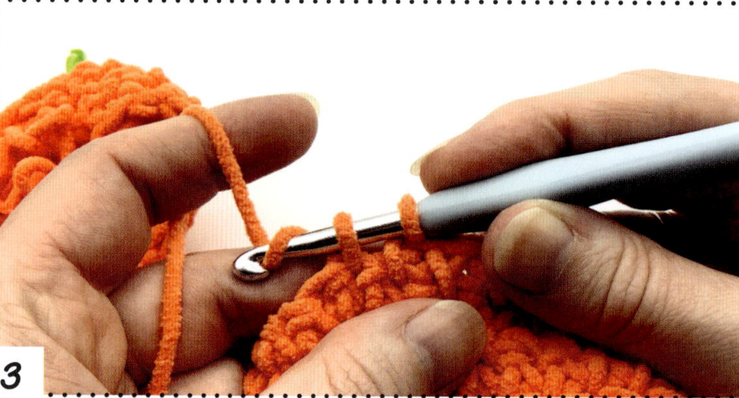

3

Eine Variante der festen Masche ist die **Schlingenmasche (SchlingenM)**. Nach dem Einstechen in die Masche wird mit dem Zeigefinger eine Schlinge geformt. Dazu wird der Faden nicht vor dem Zeigefinger geholt, sondern hinter dem Zeigefinger. Danach wird die Masche wie eine feste Masche abgeschlossen.

Anleitung

IN REIHEN ARBEITEN

Mit der Häkelnadel 5,0 mm eine Luftmaschenkette mit 62 Maschen häkeln.

1. Reihe (und alle weiteren ungeraden Reihen): 1 Lm, 1 fM in die 1. Masche der Vorreihe (2. Masche von der Häkelnadel aus) und in jede der folgenden Maschen.

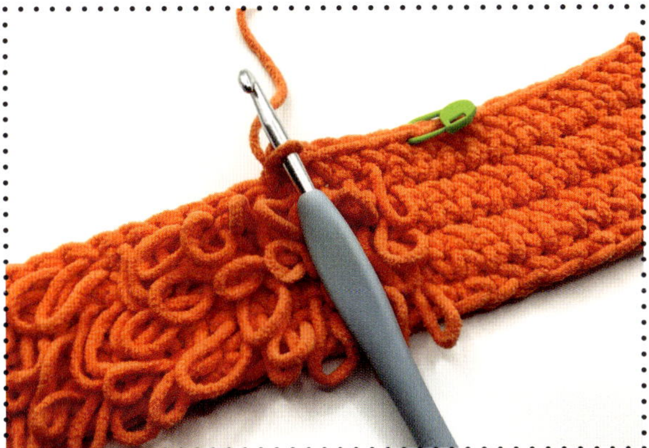

Ungerade Reihe

2. Reihe (und alle weiteren geraden Reihen): 1 Lm, 1 fM in die 1. Masche der Reihe (2. Masche von der Häkelnadel aus) und in jede der folgenden 11 Maschen, 1 SchlingenM in jede der folgenden 38 Maschen, 1 fM in jede der folgenden 12 Maschen.

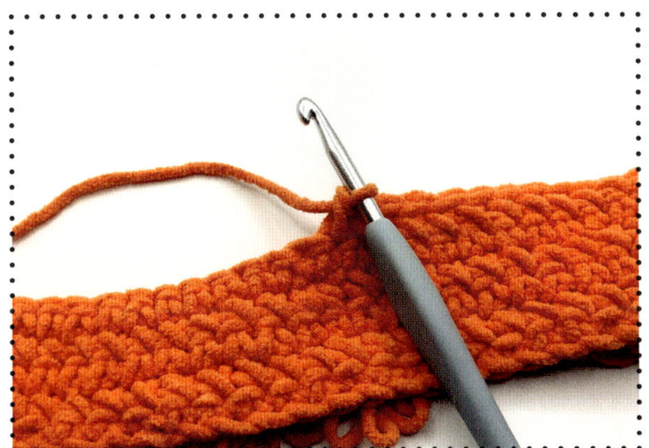

Gerade Reihe

Ich habe insgesamt 19 Reihen gehäkelt.

FERTIGSTELLEN

Die Enden auf die Rückseite des Mittelteils falten und über eine Länge von 12 Maschen auf beiden Seiten zusammennähen, um die Laschen zu bilden, mit denen das Wischtuch auf dem Mopp befestigt wird.

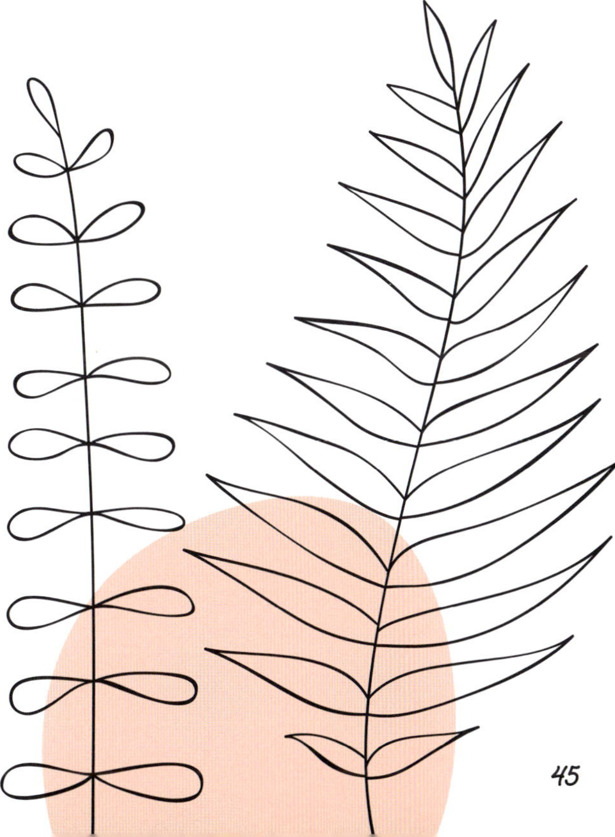

Topflappen

Diese Topflappen dürfen in keiner Küche fehlen. Mit Ihnen können Sie Topfdeckel anheben oder Gerichte aus dem Ofen nehmen. Sie lassen sich schnell häkeln. Fertigen Sie sie in den Farben Ihrer Wahl an. Sie sind ein ideales Geschenk für Familie und Freunde.

NIVEAU	1 **2** 3	HÄKELDAUER	an einem Abend

Material

FÜR EINEN QUADRATISCHEN TOPFLAPPEN MIT EINER SEITENLÄNGE VON 20 CM

- Garn 50 % Baumwolle und 50 % Acryl (50 g / 57 m): 2 Knäuel
- Häkelnadel 6,0 mm
- Häkelnadel 7,0 mm

Verwendete Maschen

- Luftmasche: Lm
- feste Masche: fM
- Thermostich: ThermoSt
- vollständiger Thermostich: vollst ThermoSt

TIPPS UND TRICKS

Da die Häkelarbeit mit dem Thermostich *(Thermal Stitch)* nur langsam voranschreitet, ist es besser, die Topflappen mit einem dicken Garn anzufertigen. Dies macht sie griffiger und sicherer im Gebrauch

.

Beim Thermostich (siehe S. 48) wird das Muster reihenübergreifend gehäkelt. Wie so oft beim Häkeln, sind die ersten drei Reihen dieses Musters am schwierigsten. Aber ich bin sicher, dass Ihnen dieses grafische und regelmäßige Muster schnell sehr viel Spaß bereiten wird. **Die Maschenzahl ist für die Fertigung eines Thermostichs nicht von Bedeutung.**

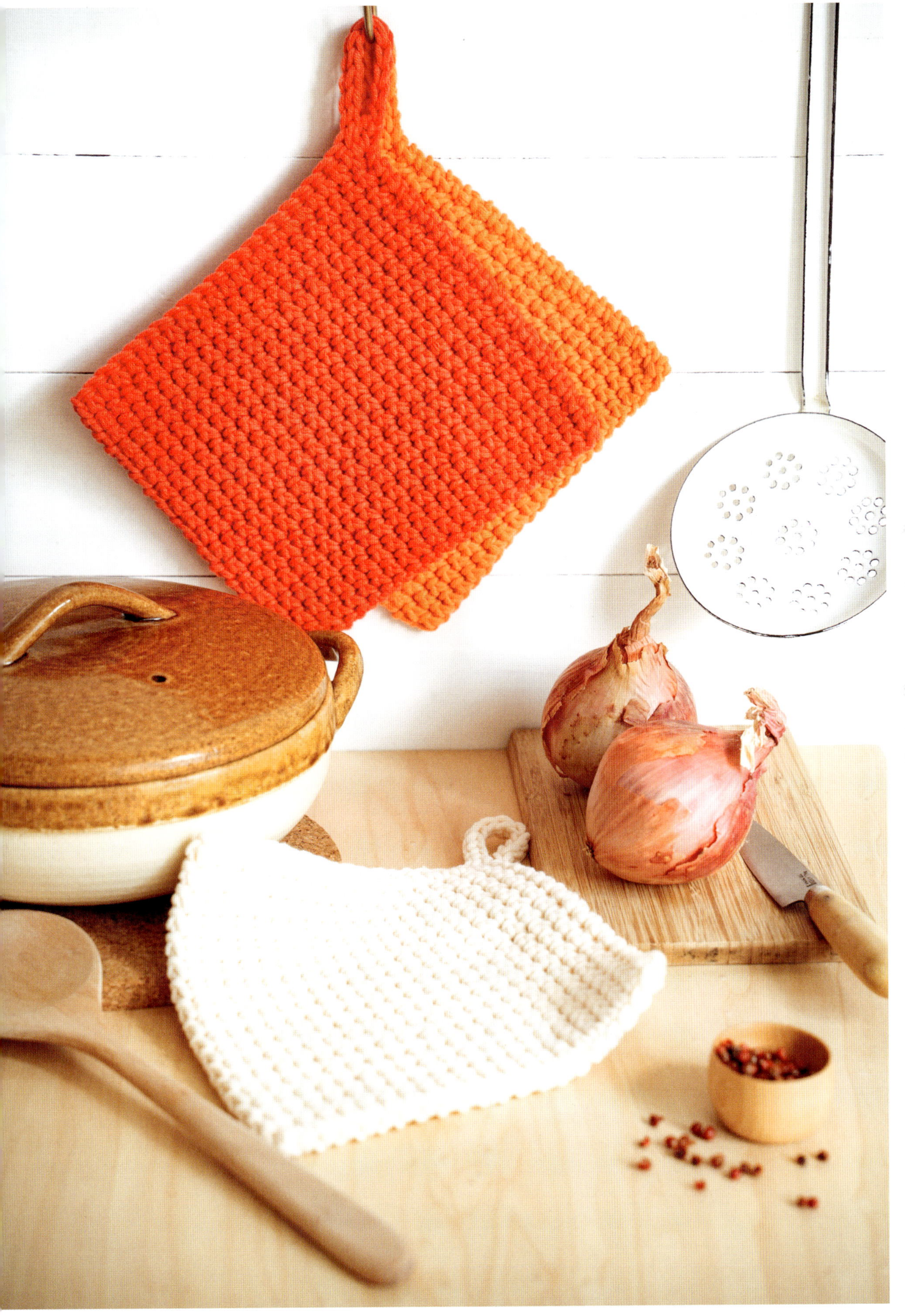

DER THERMOSTICH

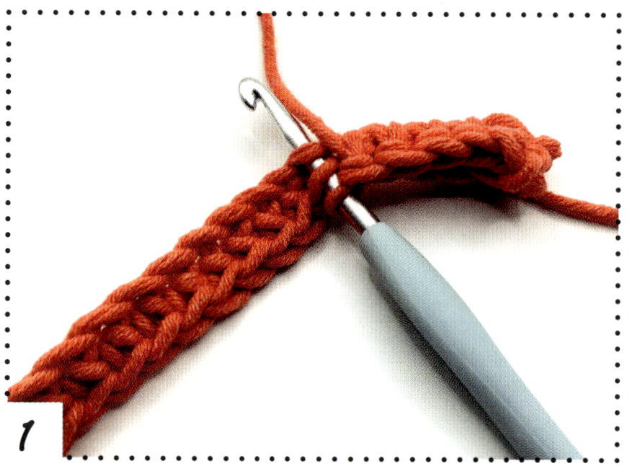

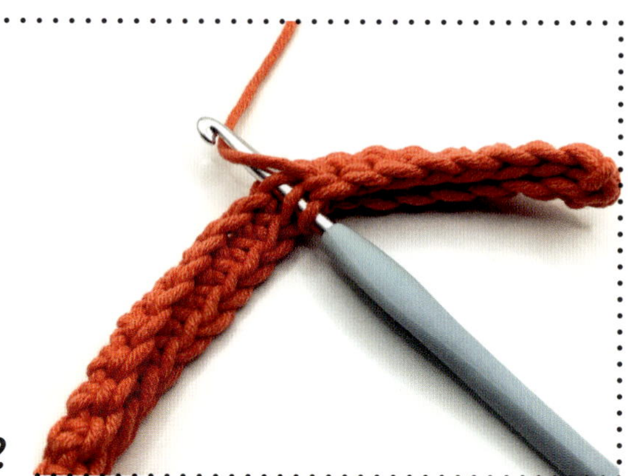

Für den **Thermostich (ThermoSt)** das hintere Maschenglied der Vorreihe und das vordere Maschenglied der vorletzten Reihe (liegt etwas tiefer auf der Rückseite des Häkelwerks) auf die Nadel holen. Sie haben nun insgesamt 3 Schlingen auf der Nadel. Einen Umschlag machen und durch die ersten beiden Maschen ziehen (es bleiben 2 Schlingen auf der Häkelnadel), erneut einen Umschlag machen und durch die 2 verbliebenen Maschen ziehen. Damit ist der erste Thermostich abgeschlossen.

In der zweiten Reihe wird durch das hintere Maschenglied der 1. Reihe und das vordere Maschenglied der Luftmasche gehäkelt. In der 3. Reihe durch das hintere Maschenglied der 2. Reihe und das vordere Maschenglied der 1. Reihe. So arbeitet man sich praktisch in halben Reihen voran und verstärkt dadurch den Häkelstoff.

DER VOLLSTÄNDIGE THERMOSTICH

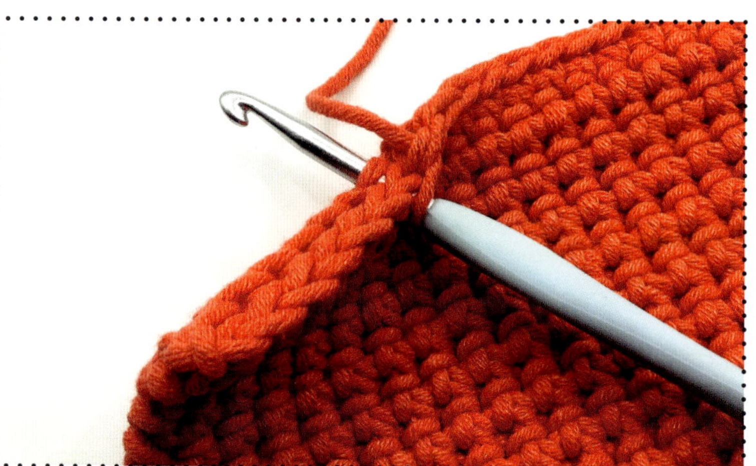

Für den **vollständigen Thermostich (Vollst ThermoSt)** durch die gesamte feste Masche der Vorreihe (beide Maschenglieder, vorne und hinten) und das vordere Maschenglied der Masche der vorletzten Reihe stechen. Sie haben nun insgesamt 4 Schlingen auf der Nadel. Einen Umschlag machen und durch die ersten 3 Maschen ziehen (es bleiben 2 Schlingen auf der Häkelnadel), erneut einen Umschlag machen und durch die 2 verbliebenen Maschen ziehen.

Anleitung

IN REIHEN ARBEITEN

Schlagen Sie mit der Häkelnadel 6,0 mm eine Luftmaschenkette mit 21 Maschen an.

1. Reihe: 1 Lm, 1 fM in das hintere Maschenglied der 1. Masche der Luftmaschenkette (2. Masche von der Häkelnadel aus) und in jede der folgenden 20 M.

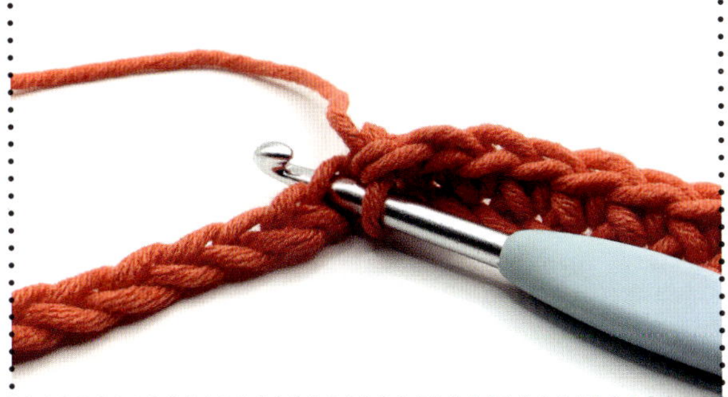

2. bis 33. Reihe: 1 Lm, 1 ThermoSt in die 1. Masche der Vorreihe (2. Masche von der Häkelnadel aus) und in jede der folgenden 20 M.

LETZTE REIHE UND AUFHÄNGER

34. Reihe: 1 Lm, 1 ThermoSt in die 1. Masche der Vorreihe (2. Masche von der Häkelnadel aus) und in jede der folgenden Maschen, 12 Lm mit der Häkelnadel 7,0 mm. Zu Häkelnadel 6,0 wechseln, 1 Km in die gleiche Masche (die letzte Masche der Reihe), um den Aufhänger zu schließen. Häkelstück wenden, 1 Lm, 1 M überspringen, 1 Km in jede der folgenden 11 Maschen des Aufhängers, 1 Km in die gleiche Masche wie zuvor.

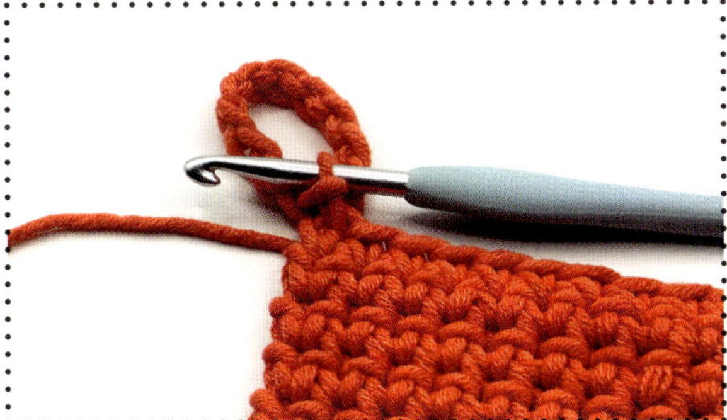

Die Fäden abschneiden und vernähen.

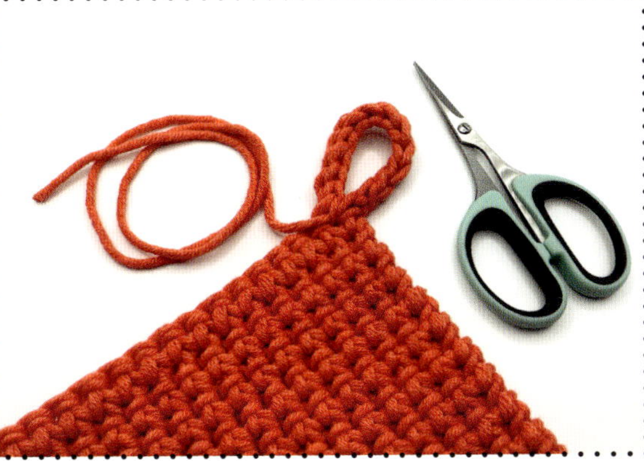

TIPP

Diese Anleitung können Sie auch zum Häkeln von Untersetzern verwenden. Dank des Thermostichs und des dicken Garns werden sie garantiert zum unentbehrlichen Accessoire auf dem Esstisch.

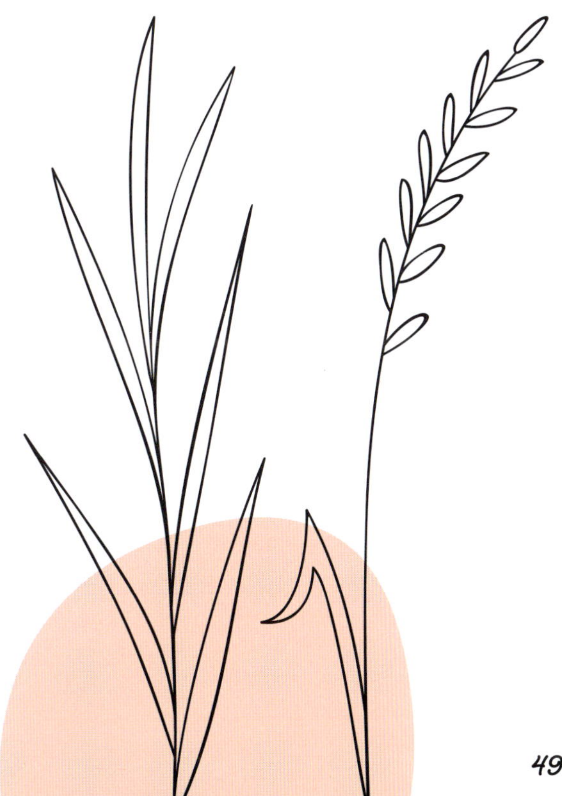

Pfannenschoner

Wer seine Pfannen nicht aufhängen kann, sondern in der Schublade oder dem Schrank stapeln muss, benötigt unbedingt Pfannenschoner, die zwischen die einzelnen Pfannen gelegt werden. Sie verhindern das Verkratzen der Beschichtung. Ein einfaches Modell reicht aus. Es lässt sich an alle Pfannengrößen und -formate anpassen.

NIVEAU 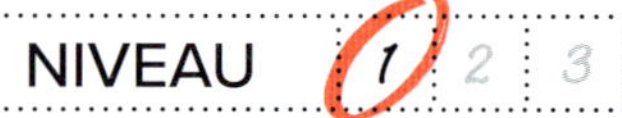

HÄKELDAUER: an einem Abend

Material

FÜR EINEN PFANNENSCHONER MIT EINEM DURCHMESSER VON 30 BIS 32 CM

- Garn 45 % Baumwolle und 55 % Acryl (50 g / 102 m): 2 Knäuel
- Häkelnadel 4,5 mm

Verwendete Maschen

- Luftmasche: Lm
- Kettmasche: Km
- Stäbchen: Stb
- feste Masche: fM

HINWEIS

Der chilifarbene Pfannenschoner besitzt einen Durchmesser von 30 cm. Jeder Flügel zählt 13 Reihen mit festen Maschen.

Der senffarbene Pfannenschoner besitzt einen Durchmesser von 32 cm. Jeder Flügel zählt 17 Reihen mit festen Maschen.

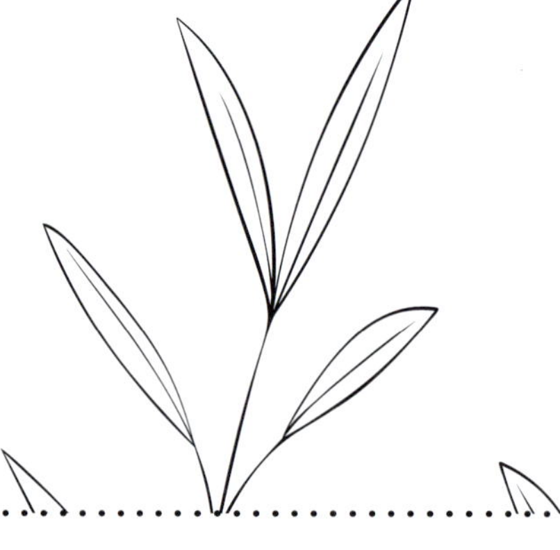

TIPPS UND TRICKS

Einfache Baumwolle reicht für dieses Projekt völlig aus. Wenn Sie viele Pfannenschoner benötigen, sollten Sie ein recht dickes Garn verwenden, denn damit kommen Sie schneller voran. Der Mittelteil des Pfannenschoners bleibt bei allen Größen gleich. Nur die Länge der Flügel variiert.

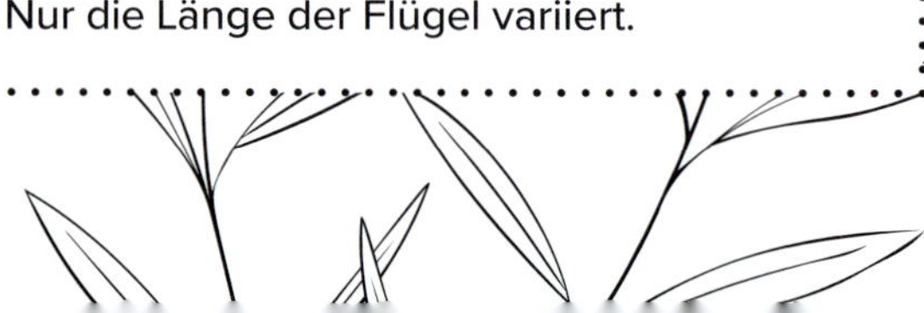

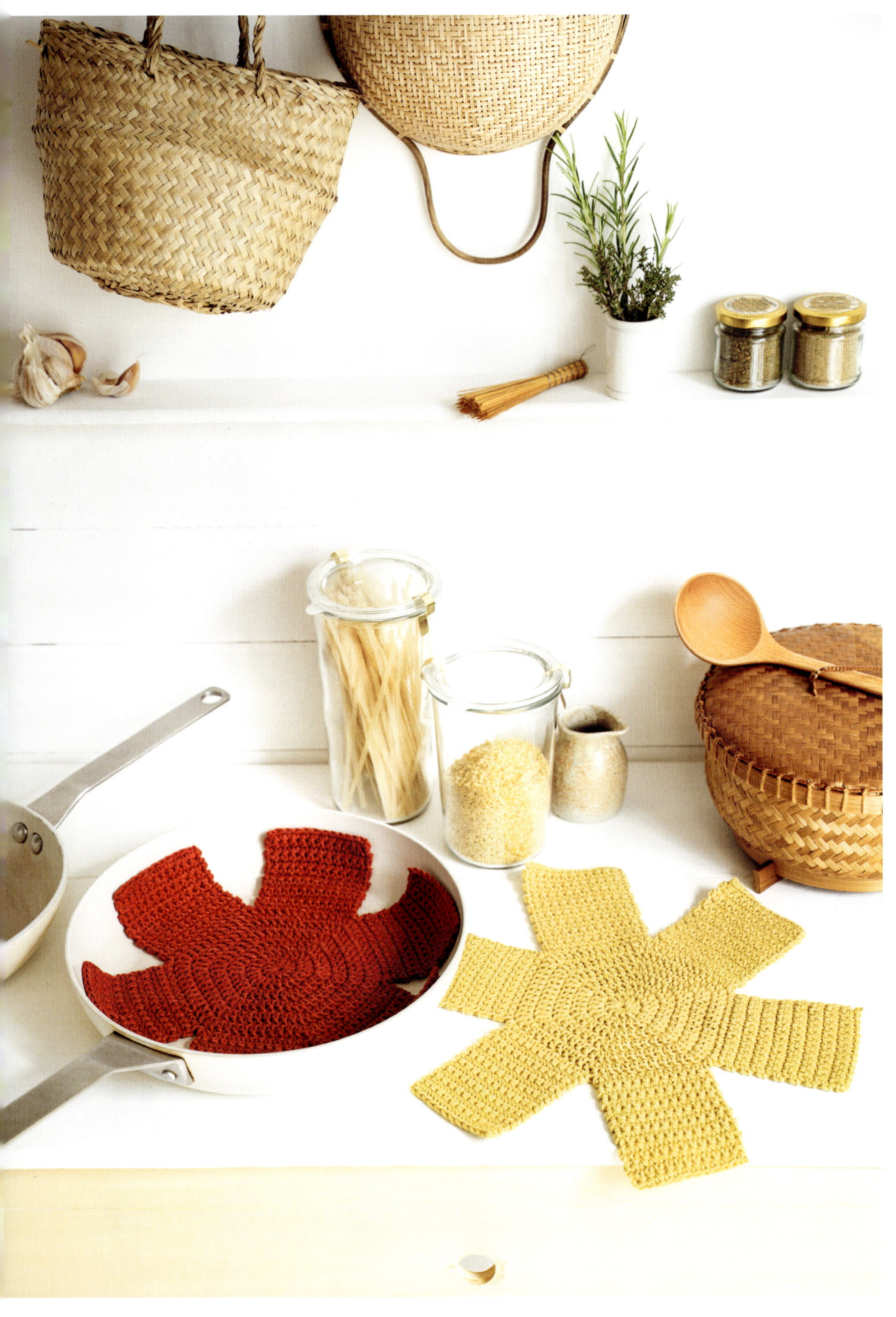

Anleitung

IN GESCHLOSSENEN RUNDEN ARBEITEN

MITTLERES SECHSECK

Das mittlere Sechseck bleibt bei allen Pfannengrößen gleich. Passen Sie einfach die Flügel der Pfannenschoner an den Durchmesser der jeweiligen Pfanne an.

1. Runde: Mit der Häkelnadel 4,5 mm 12 Stb in einen Fadenring häkeln. Die Runde schließen (siehe S. 18–20).

2. Runde: 2 Lm, 2 Stb in die 1. Masche der Vorrunde (die Abschlussmasche!) und in jede der folgenden 11 Maschen. Die Runde schließen (24 M).

3. Runde: 2 Lm, 1 Stb in die 1. Masche der Vorrunde, * 2 Stb in jede der folgenden 2 Maschen, 1 Stb in jede der folgenden 2 Maschen *, von * bis * wiederholen bis zum Ende der Runde. Die Runde schließen (36 M).

4. Runde: 2 Lm, 1 Stb in jede der 2 ersten Maschen der Vorrunde, * 2 Stb in jede der folgenden 2 Maschen, 1 Stb in jede der folgenden 4 Maschen *, von * bis * wiederholen bis zum Ende der Runde. Die Runde schließen (48 M).

5. Runde: 2 Lm, 1 Stb in jede der 3 ersten Maschen der Vorrunde, * 2 Stb in jede der folgenden 2 Maschen, 1 Stb in jede der folgenden 6 Maschen *, von * bis * wiederholen bis zum Ende der Runde. Die Runde schließen (60 M).

6. Runde: 2 Lm, 1 Stb in jede der 4 ersten Maschen der Vorrunde, * 2 Stb in jede der folgenden 2 Maschen, 1 Stb in jede der folgenden 8 Maschen *, von * bis * wiederholen bis zum Ende der Runde. Die Runde schließen (72 M).

Den Faden abschneiden und die Häkelarbeit unsichtbar beenden, indem die Masche festgezogen wird (siehe S. 21). Die Fäden vernähen.

IN REIHEN ARBEITEN

FLÜGEL

Vor Ihnen liegt nun das Sechseck, dessen Seiten durch das v-förmige Muster gut erkennbar sind.

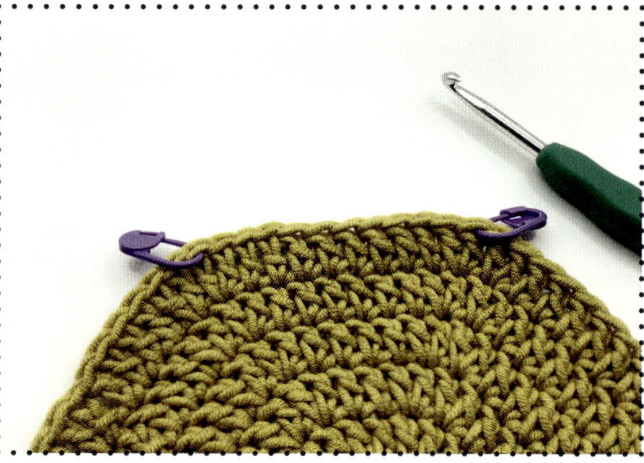

1. Reihe: Die Häkelnadel in die Anfangsmasche einer Seite des Sechsecks stechen. 1 Km, dann 1 Lm und 1 fM in die gleiche Masche häkeln, mit 1 fM in jede der folgenden 11 Maschen fortfahren. Die Arbeit wenden.

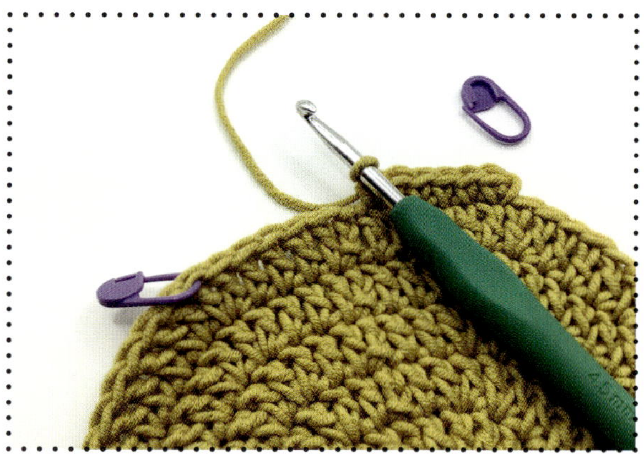

2. Reihe und alle weiteren Reihen: 1 Lm, 1 fM in die 2. Masche von der Häkelnadel aus und in jede der folgenden Maschen. Fügen Sie so viele Reihen wie nötig hinzu, um den Boden der Pfanne abzudecken, die Sie vor Schrammen und Kratzern schützen möchten. Den Faden abschneiden, durchziehen und vernähen.

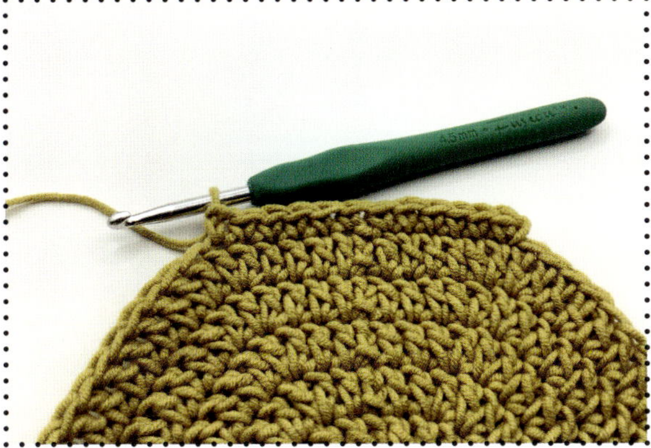

Auf die gleiche Weise alle fünf verbleibenden Flügel häkeln. Achten Sie darauf, dass jeder Flügel die gleiche Anzahl an Reihen besitzt.

Aufgepasst: Überspringen Sie die Abschlussmasche des Sechsecks. In diese darf nicht gehäkelt werden!

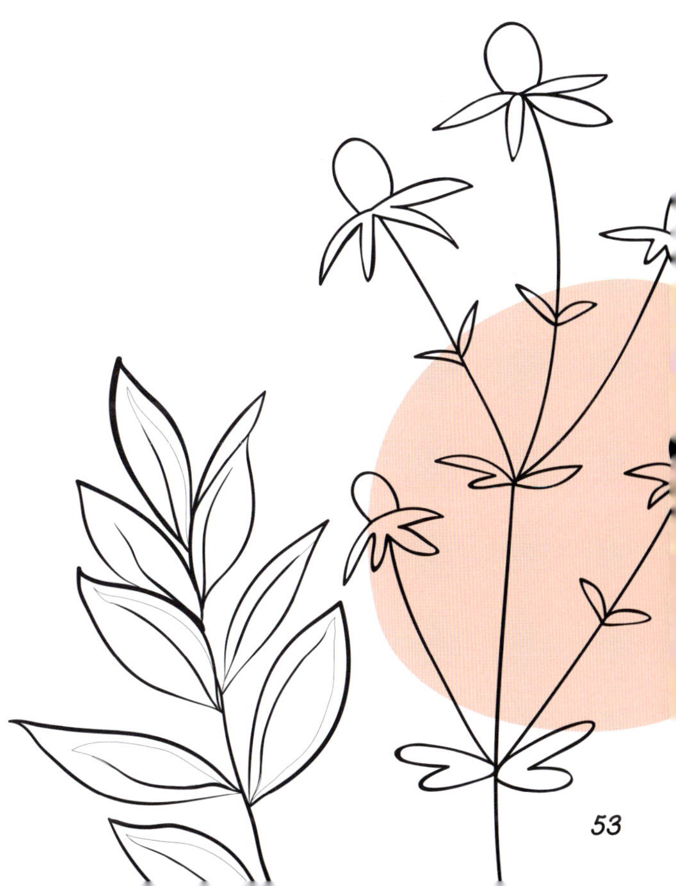

Wiederverwendbarer Einkaufsbeutel

Diese Beutel ergänzen jedes Einkaufsnetz. So können Sie auf Plastiktüten im Supermarkt verzichten. Die Beutel können in verschiedenen Größen gehäkelt werden und sind somit für all Ihre Einkäufe geeignet. Die kleineren bieten sich zum Transport und zur Lagerung von Nüssen aller Art an. Dank ihres Tunnelzugs öffnen sich die Beutel beim Transport garantiert nicht.

NIVEAU	1 **2** 3	HÄKELDAUER	an einem Tag

Material

DER GROẞE BEUTEL (NUGATFARBEN) HAT EINEN DURCHMESSER VON ETWA 15 CM UND IST 24 CM HOCH.

DER KLEINE BEUTEL (BEIGE) HAT EINEN DURCHMESSER VON ETWA 10 CM UND IST 20 CM HOCH.

- Garn 100 % Baumwolle (50 g / 170 m): 1 Knäuel pro Beutel
- Häkelnadel 3,0 mm
- Kordel, beige, 60 oder 70 cm lang, 3 mm Durchmesser, in der Länge passend zum Beutel
- 1 Holzperle, 4 mm Durchmesser
- Klebestreifen oder weißer Kleber

Verwendete Maschen

- Luftmasche: Lm
- Kettmasche: Km
- Stäbchen: Stb

TIPPS UND TRICKS

Der flache Boden des Beutels ermöglicht eine breite Öffnung, was das Füllen einfacher macht. Er wird in Runden auf einer Basis von 12 Maschen gehäkelt. Auch wenn es auf den ersten Blick nicht so aussieht: Der kleine Beutel bietet viel Fassungsvermögen!

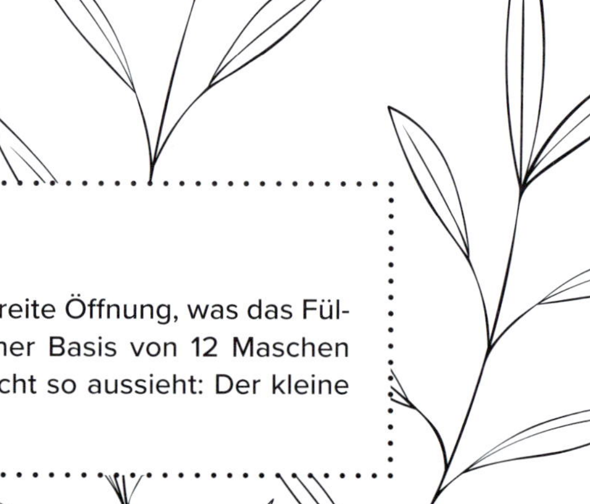

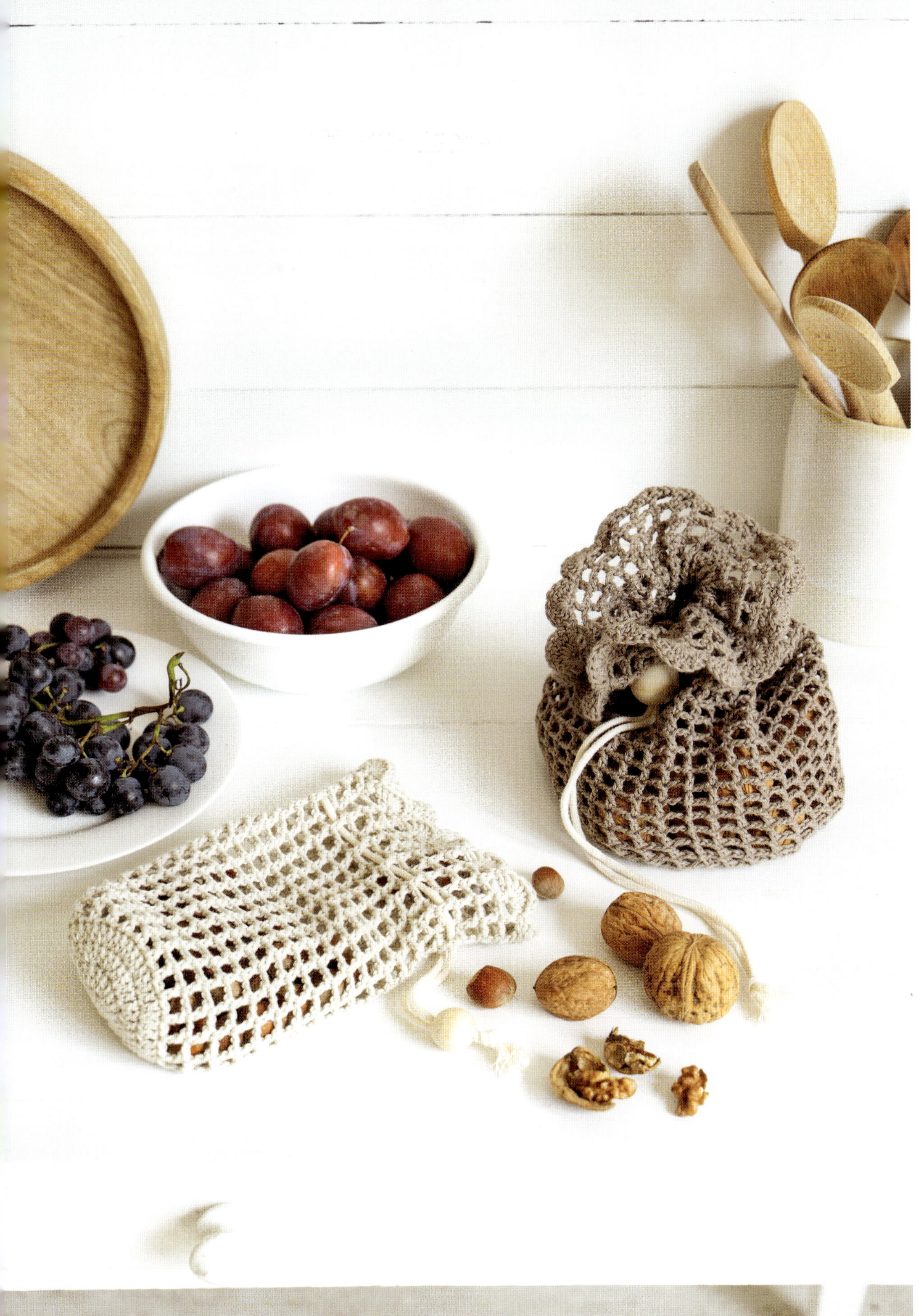

Anleitung

IN GESCHLOSSENEN RUNDEN ARBEITEN

BODEN

1. Runde: 12 Stb in einen Fadenring häkeln (12 M). Runde schließen (siehe S. 18–20).

2. Runde: 2 Lm, 2 Stb in die 1. Masche der Vorrunde (die Abschlussmasche!), 2 Stb in jede der folgenden 11 Maschen, 1 Stb in die folgende Masche. Die Runde schließen (24 M).

3. Runde: 2 Lm, 1 Stb in die 1. Masche der Vorrunde, * 2 Stb in die folgende Masche, 1 Stb in die folgende Masche *, von * bis * wiederholen bis zum Ende der Runde. Die Runde schließen (36 M).

4. Runde: 2 Lm, 1 Stb in die 1. Masche der Vorrunde, * 2 Stb in die folgende Masche, 1 Stb in jede der folgenden 2 Maschen *, von * bis * wiederholen bis zum Ende der Runde. Die Runde schließen (48 M).

Der Boden des kleinen Beutels ist fertig!

5. Runde: 2 Lm, 1 Stb in die 1. Masche der Vorrunde, * 2 Stb in die folgende Masche, 1 Stb in jede der folgenden 3 Maschen *, von * bis * wiederholen bis zum Ende der Runde. Die Rund schließen (60 M).

6. Runde: 2 Lm, 1 Stb in die 1. Masche der Vorrunde, * 2 Stb in die folgende Masche, 1 Stb in jede der folgenden 4 Maschen *, von * bis * wiederholen bis zum Ende der Runde. Die Rund schließen (72 M).

Der Boden des großen Beutels ist fertig!

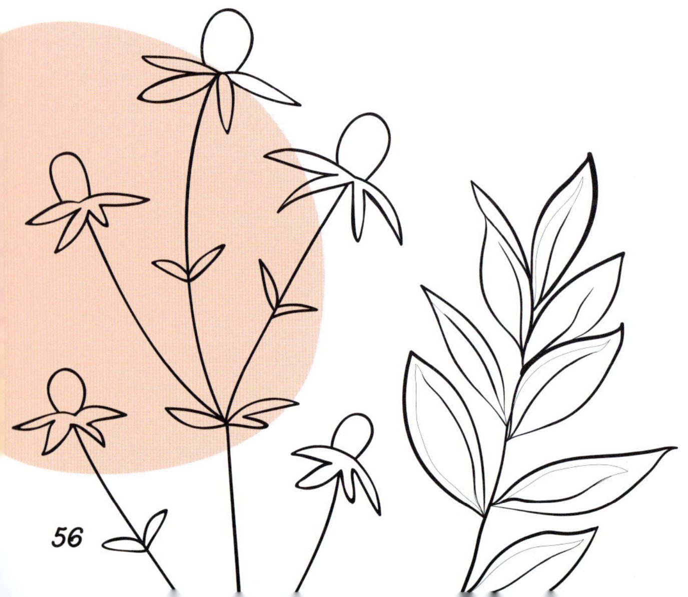

SEITENTEIL

Runde X (Runde 5 beim kleinen Beutel, Runde 7 beim großen Beutel): 4 Lm, 1 Stb in die 6. Masche von der Häkelnadel aus (das ist die 2. Masche vom Ansatzpunkt der Luftmaschen aus gesehen), * 2 Lm, 1 M überspringen, 1 Stb in die folgende Masche *, von * bis * wiederholen bis zum Ende der Runde (die mit 2 Lm abschließt), 1 Km in die Lücke, die am Anfang der Runde entstanden ist.

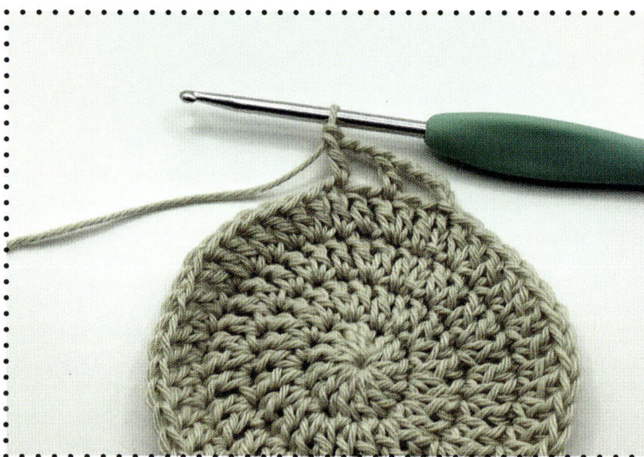

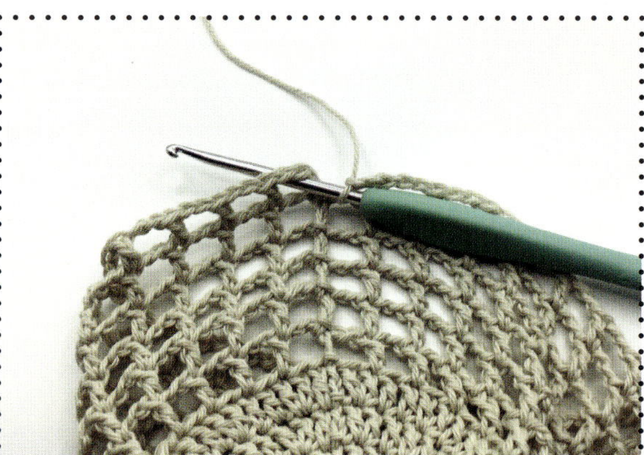

Runde Y (Runde 6 beim kleinen Beutel, Runde 8 beim großen Beutel) und alle folgenden Runden: 4 Lm, 1 Stb in die 6. Masche von der Häkelnadel aus (1. Stb der Vorrunde), * 2 Lm, 2 M überspringen, 1 Stb in das folg Stb *, von * bis * wiederholen bis zum Ende der Runde (die mit 2 Lm abschließt), 1 Km in die Lücke, die am Anfang der Runde entstanden ist.

Ich habe wie folgt gehäkelt:
- 18 Y-Runden für den kleinen Beutel
- 24 Y-Runden für den großen Beutel

UMRANDUNG

1 fest gehäkelte Lm, * 7 Stb in das folgende Stb, 1 Km in das folgende Stb *, von * bis * wiederholen bis zum Ende der Runde (die mit 1 Km in die 1. Masche der Runde abschließt). Den Faden abschneiden, durchziehen und alle Fäden vernähen.

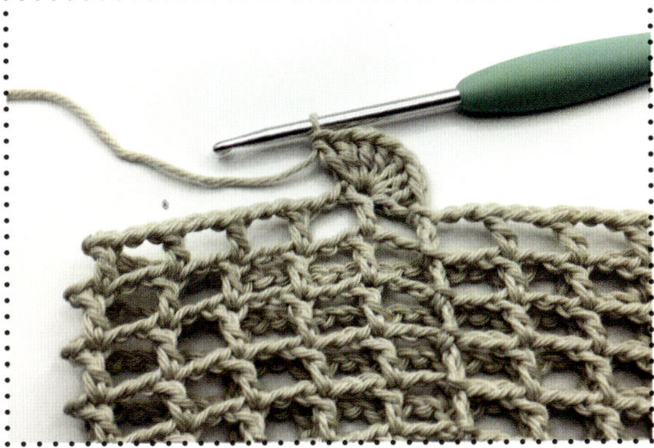

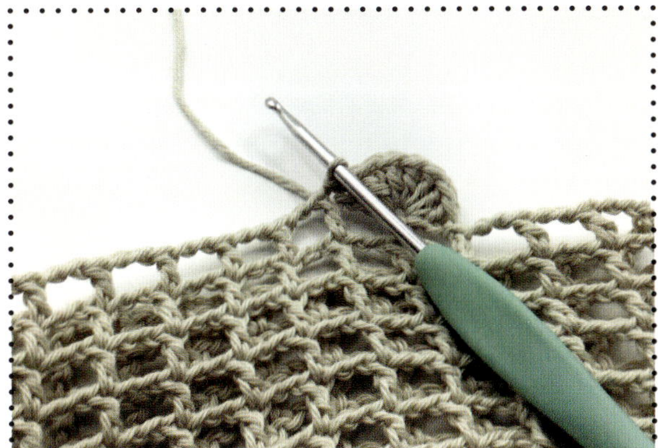

FERTIGSTELLUNG

Ein Stück Kordel nehmen, das zur Größe des Beutels passt. Die Kordel wie gezeigt unterhalb der Umrandung rundum durch die Lücken zwischen den Stäbchen ziehen.

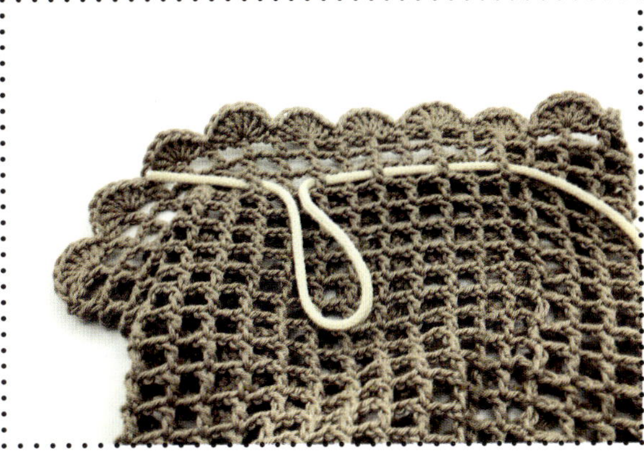

Um das Anbringen der Holzperle zu erleichtern, umwickeln Sie die beiden Enden der Kordel fest mit Klebestreifen oder bestreichen Sie sie mit Alleskleber (trocknen lassen). Sobald die Enden der Kordel durch die Perle geführt wurden, machen Sie einen Knoten und schneiden Sie die beklebten Enden ab.

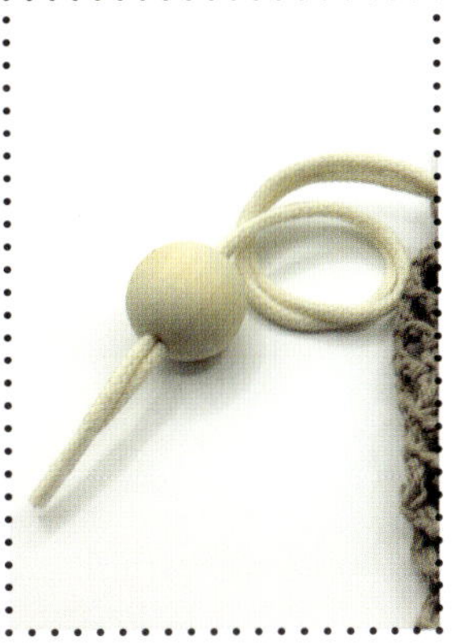

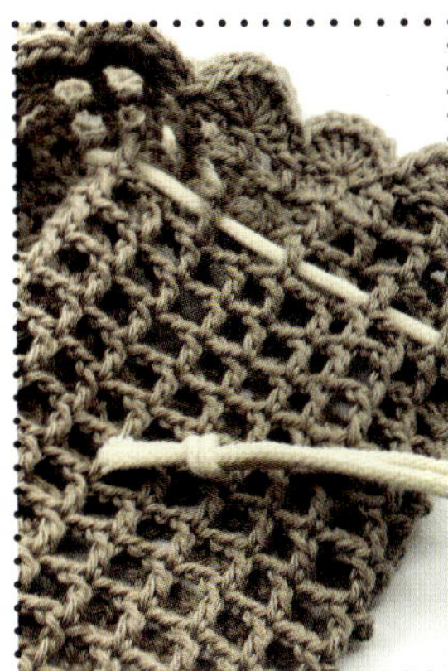

Körbchen für Obst und Gemüse

Verabschieden Sie sich von Kunststoffbehältern zur Lagerung von Obst und Gemüse! Diese Körbchen sind nicht nur praktisch, sondern auch ein Blickfang auf dem Tisch oder in einem Regal. Vielleicht möchten Sie sie auch als Brotkörbchen oder für Ihre Servietten benutzen. Durch ihr viereckiges Format sind sie platzsparend und passen sogar in jede Schublade, zum Beispiel als Trennelemente.

NIVEAU	1	2	3

HÄKELDAUER	an einem Wochenende

Material

FÜR 3 KÖRBE MIT 10 CM HÖHE

DER GROẞE KORB (ZIMTFARBEN) IST AM BODEN ETWA 18 CM BREIT UND BESITZT AN DER ÖFFNUNG EINEN DURCHMESSER VON 22 CM.

DER MITTELGROẞE KORB (SCHILFGRÜN) IST AM BODEN ETWA 16 CM BREIT UND BESITZT AN DER ÖFFNUNG EINEN DURCHMESSER VON 20 CM.

DER KLEINE KORB (ANTHRAZIT) IST AM BODEN ETWA 12 CM BREIT UND BESITZT AN DER ÖFFNUNG EINEN DURCHMESSER VON 16 CM.

- Garn 50 % Baumwolle und 47 % recycelter Polyester (50 g / 55 m): 3 Knäuel in Zimt, 2 Knäuel in Schilfgrün, 2 Knäuel in Anthrazit für die Körbe und 2 Knäuel Beige für den Umschlag
- Häkelnadel 5,0 mm

Verwendete Maschen

- Luftmasche: Lm
- Kettmasche: Km
- feste Masche: fM

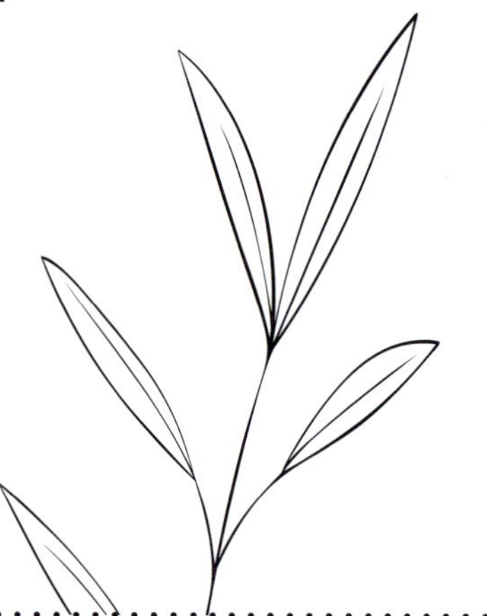

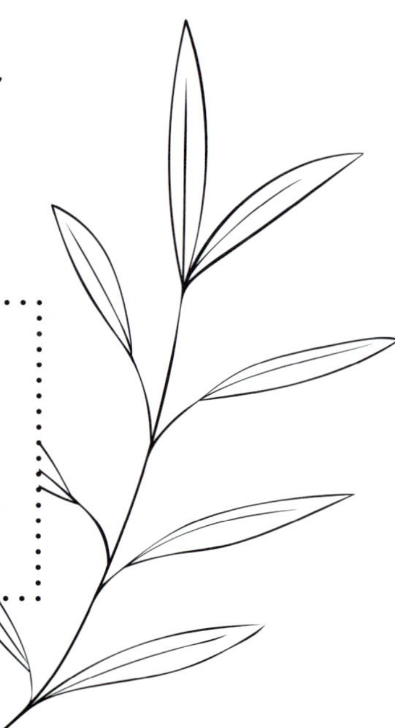

TIPPS UND TRICKS

Für diese Häkelarbeit habe ich ein zu 100 Prozent recyceltes Garn verwendet. Es besteht aus Baumwolle und Polyester, wobei das Polyester aus Kunststoffflaschen hergestellt wurde. Es fühlt sich etwas rau an und verleiht gehäkelten Körben und Beuteln die nötige Stabilität.

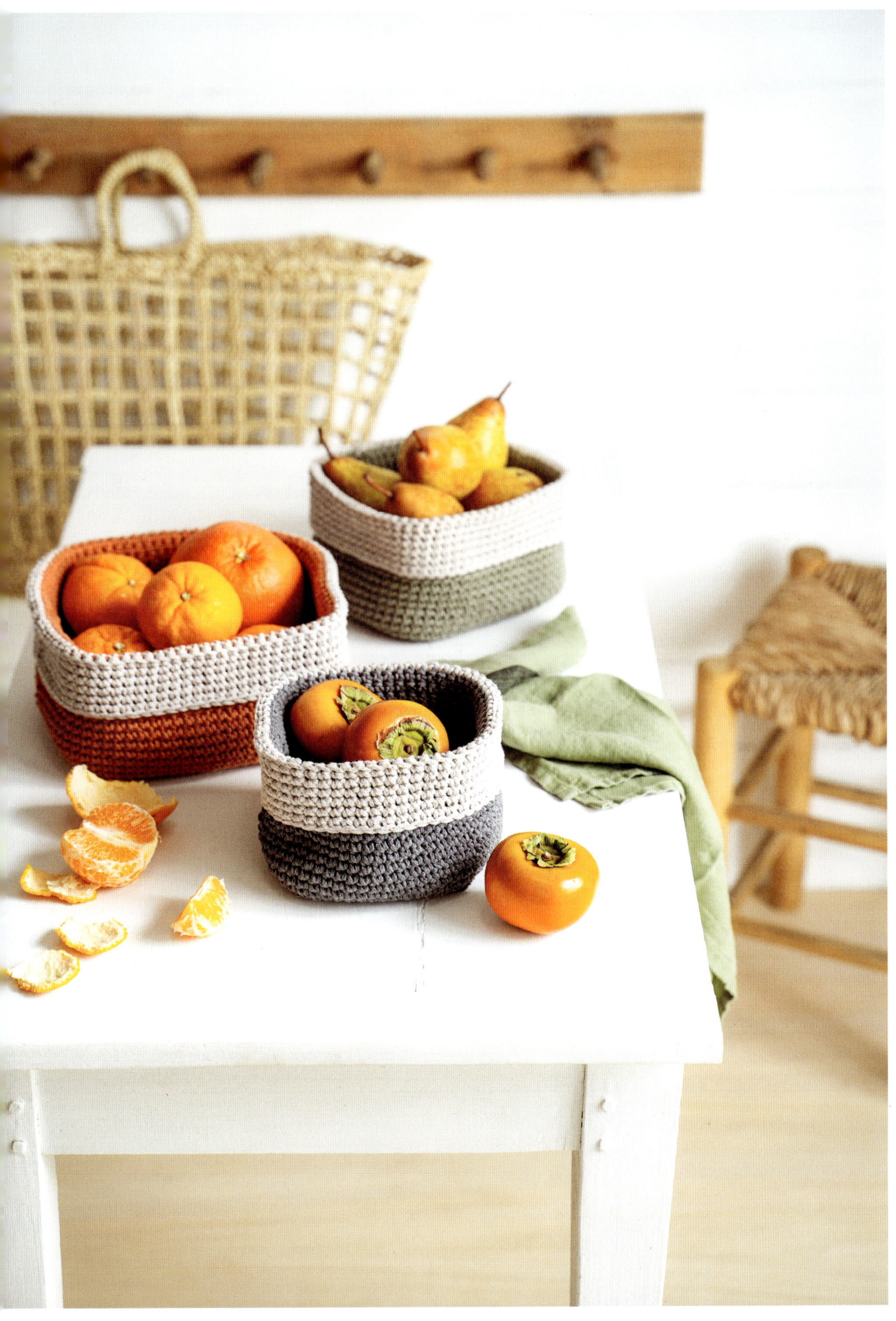

Anleitung

IN GESCHLOSSENEN RUNDEN ARBEITEN

BODEN

1. Runde: 8 fM in einen Fadenring häkeln. Die Runde schließen (siehe S. 18–20; 8 M).

2. Runde: 1 Lm, 1 fM in die 1. Masche der Vorrunde (die Abschlussmasche), * 3 fM in die folgende Masche, 1 fM in die folgende Masche *, von * bis * wiederholen bis zum Ende der Runde. Die Runde schließen (16 M).

3. Runde: 1 Lm, 1 fM in jede der 2 ersten Maschen der Vorrunde, * 3 fM in die folgende Masche, 1 fM in jede der folgenden 3 Maschen *, von * bis * wiederholen bis zum Ende der Runde. Die Runde schließen (24 M).

4. Runde: 1 Lm, 1 fM in jede der 3 ersten Maschen der Vorrunde, * 3 fM in jede der folgenden Maschen, 1 fM in jede der folgenden 5 Maschen *, von * bis * wiederholen bis zum Ende der Runde. Die Runde schließen (32 M).

5. Runde: 1 Lm, 1 fM in jede der 4 ersten Maschen der Vorrunde, * 3 fM in die folgende Masche, 1 fM in jede der folgenden 7 Maschen *, von * bis * wiederholen bis zum Ende der Runde. Die Runde schließen (40 M).

6. Runde: 1 Lm, 1 fM in jede der 5 ersten Maschen der Vorrunde, * 3 fM in die folgende Masche, 1 fM in jede der folgenden 9 Maschen *, von * bis * wiederholen bis zum Ende der Runde. Die Runde schließen (48 M).

7. Runde: 1 Lm, 1 fM in jede der 6 ersten Maschen der Vorrunde, * 3 fM in die folgende Masche, 1 fM in jede der folgenden 11 Maschen *, von * bis * wiederholen bis zum Ende der Runde. Die Runde schließen (56 M).

8. Runde: 1 Lm, 1 fM in jede der 7 ersten Maschen der Vorrunde, * 3 fM in die folgende Masche, 1 fM in jede der folgenden 13 Maschen *, von * bis * wiederholen bis zum Ende der Runde. Die Runde schließen (64 M).

Der Boden des kleinen Korbs ist fertig. Den Faden nicht abschneiden.

9. Runde: 1 Lm, 1 fM in jede der 8 ersten Maschen der Vorrunde, * 3 fM in die folgende Masche, 1 fM in jede der folgenden 15 Maschen *, von * bis * wiederholen bis zum Ende der Runde. Die Runde schließen (72 M).

10. Runde: 1 Lm, 1 fM in jede der 9 ersten Maschen der Vorrunde, * 3 fM in die folgende Masche, 1 fM in jede der folgenden 17 Maschen *, von * bis * wiederholen bis zum Ende der Runde. Die Runde schließen (80 M).

Der Boden des mittelgroßen Korbs ist fertig. Den Faden nicht abschneiden.

11. Runde: 1 Lm, 1 fM in jede der 10 ersten Maschen der Vorrunde, * 3 fM in die folgende Masche, 1 fM in jede der folgenden 19 Maschen *, von * bis * wiederholen bis zum Ende der Runde. Die Runde schließen (88 M).

12. Runde: 1 Lm, 1 fM in jede der 11 ersten Maschen der Vorrunde, * 3 fM in die folgende Masche, 1 fM in jede der folgenden 21 Maschen *, von * bis * wiederholen bis zum Ende der Runde. Die Runde schließen (96 M).

Der Boden des großen Korbs ist fertig. Den Faden nicht abschneiden.

SEITEN

13. Runde: 1 fM in jede der 8 (klein), 10 (mittel) oder 12 (groß) ersten Maschen der Vorrunde, *die folgende Masche überspringen, 1 fM in jede der 15, 19 oder 23 folgenden Maschen *, von * bis * wiederholen bis zum Ende der Runde. Die Runde schließen (60, 76 oder 92 M).

Die 4 Eckmaschen des Bodens werden übersprungen, um klarere Kanten und festere Seitenteile zu erhalten.

14. bis 27. Runde: 1 Lm, 1 fM in jede Masche.

Farbwechsel.

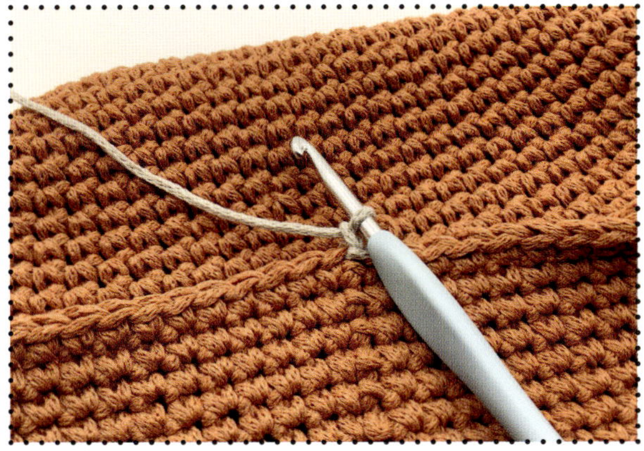

28. Runde: 1 Lm, 1 fM in jede Masche.

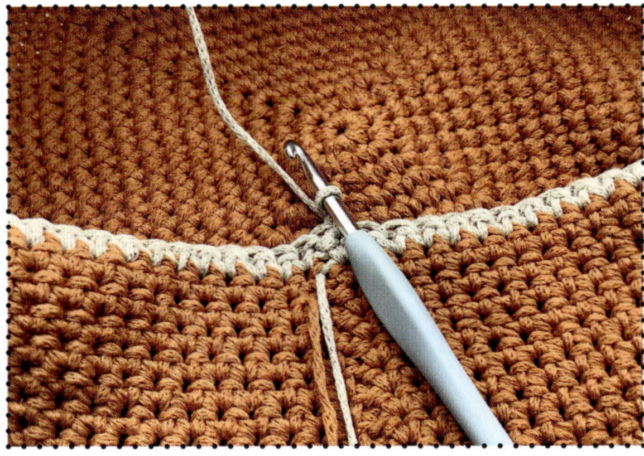

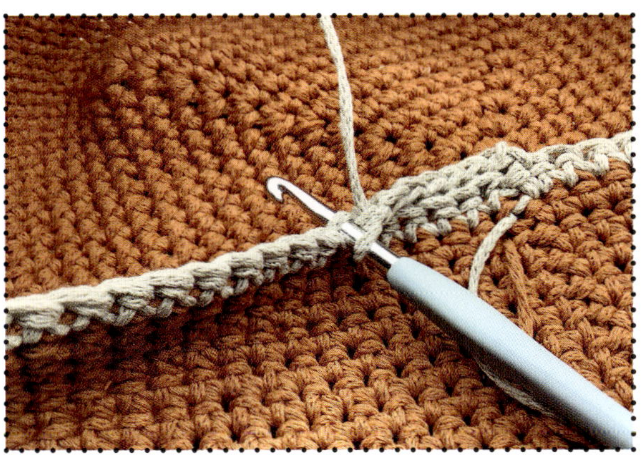

UMSCHLAG

Das Häkelstück um 180 Grad drehen, sodass die letzte Masche der letzten Runde zur ersten Masche der neuen Runde wird. Dadurch ändert sich die Häkelrichtung und die Maschen des Umschlags sind richtig herum, wenn er nach außen umgeschlagen wird.

29. Runde: 1 fM nur hintere Maschenglied jeder Masche.

30. bis 34. Runde: 1 fM in jede Masche. Das Häkelstück unsichtbar beenden (siehe S. 21). Die Fäden vernähen.

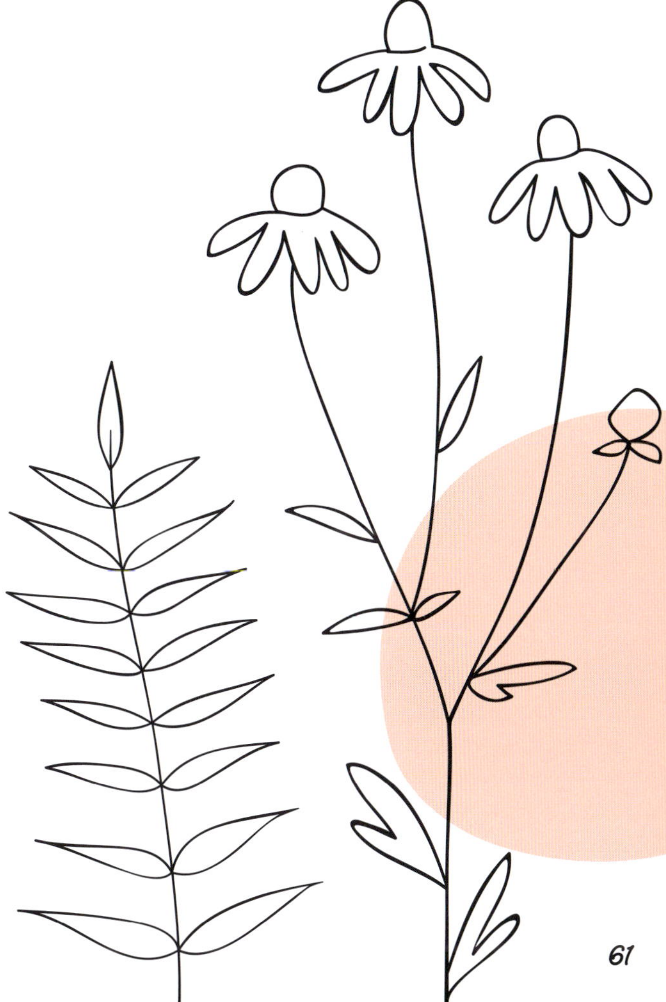

Waschhandschuh und Seiftuch

Einen Waschlappen zu benutzen – ganz gleich ob in Form eines Handschuhs oder eines Seiftuchs –, mag altmodisch klingen, aber es spart viel Wasser, weil es eine Dusche oder ein Vollbad ersetzen kann. Selbstgefertigte Waschhandschuhe können an kleine und große Hände angepasst werden. Wenn Sie sich lieber mit einem Seiftuch waschen, ist dieses weiche, sanfte und flauschige Modell genau das Richtige.

NIVEAU	1 **2** 3

HÄKELDAUER	an einem Abend

Material

FÜR EINEN WASCHHANDSCHUH FÜR ERWACHSENE IN DER GRÖSSE 14 × 19 CM

- Garn 90 % Baumwolle und 10 % Polyamid (50 g / 140 m): 1 Knäuel
- Garn 70 % Baumwolle und 30 % Polyacryl (50 g / 140 m): Garnreste des Seiftuchs verwenden.

FÜR EINEN WASCHHANDSCHUH FÜR KINDER IN DER GRÖSSE 11 × 15 CM

- Garn 70 % Baumwolle und 30 % Polyacryl (50 g / 140 m): 1 Knäuel und die Garnreste des Seiftuchs
- Häkelnadel 4,0 mm
- Häkelnadel 3,5 mm

FÜR EIN DICKES QUADRATISCHES SEIFTUCH MIT EINER SEITENLÄNGE VON 15 CM

- Garn 90 % Baumwolle und 10 % Polyamid (50 g / 140 m): 1 Knäuel
- Garn 70 % Baumwolle und 30 % Polyacryl (50 g / 140 m): 1 Knäuel
- Häkelnadel 6,0 mm

Verwendete Maschen

- Luftmasche: Lm
- feste Masche: fM
- Kettmasche: Km
- halbes Stäbchen: hStb
- tiefgestochenes halbes Stäbchen
- tiefgestochene feste Masche
- verdrehte feste Masche

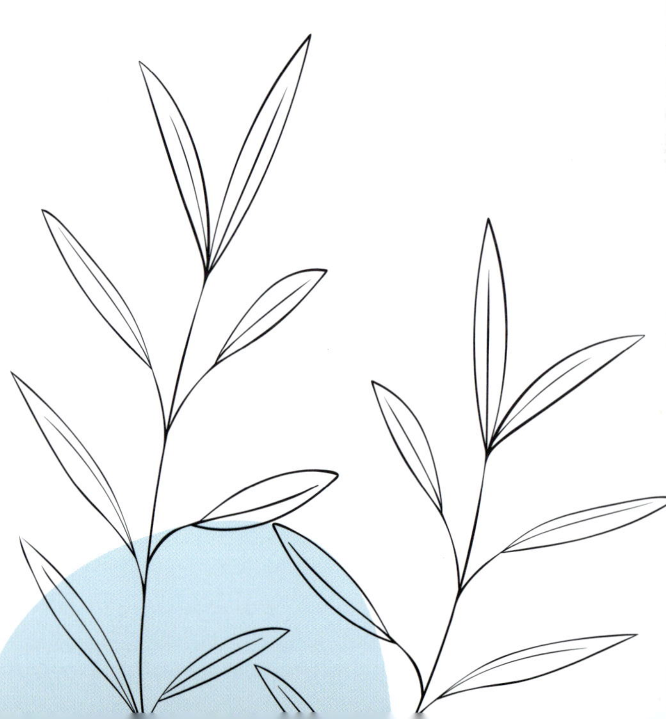

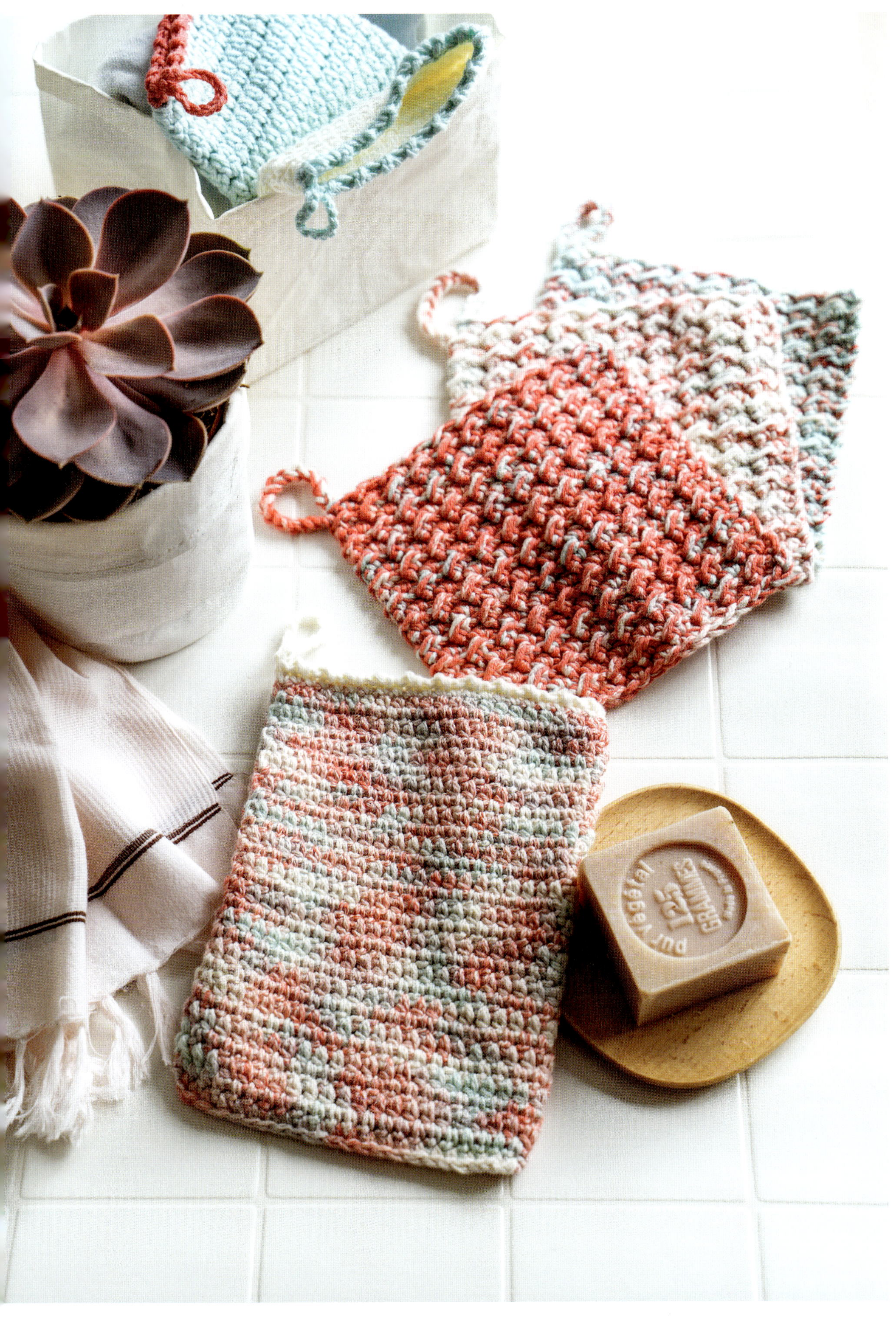
pur végétal
125
GRAMMES

DAS TIEFGESTOCHENE HALBE STÄBCHEN

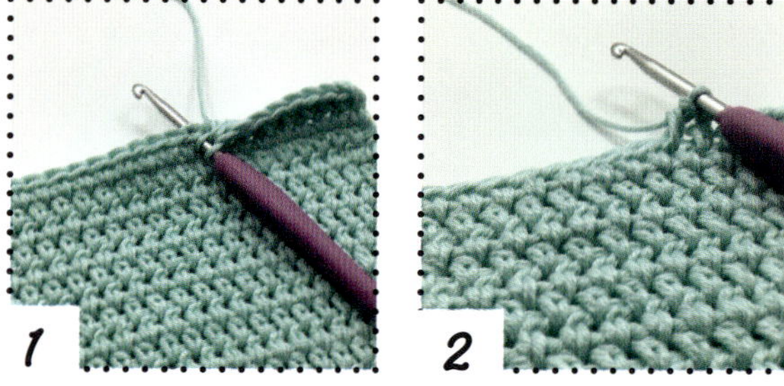

Ein tiefgestochenes halbes Stäbchen wird genau wie ein normales halbes Stäbchen gehäkelt, mit dem Unterschied, dass die Häkelnadel **unter die Masche** der Vorreihe gestochen wird und nicht **in die Masche**.

DIE TIEFGESTOCHENE FESTE MASCHE

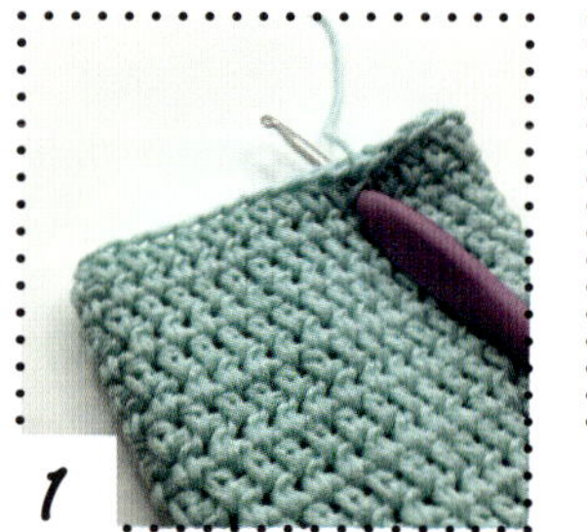

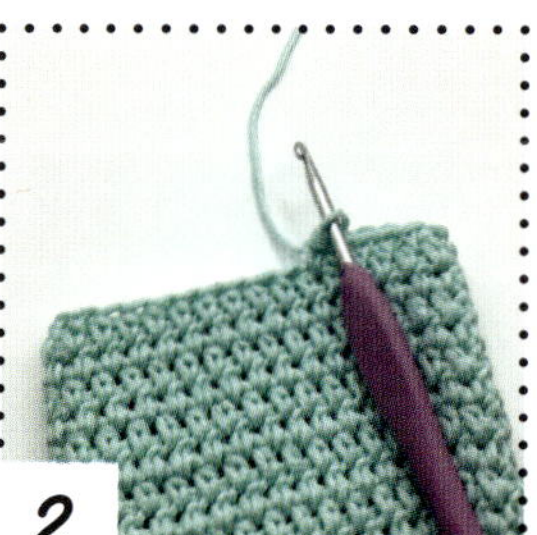

Das Gleiche gilt für die tiefgestochene feste Masche: Die Nadel wird **unter die Masche** gestochen und nicht **in die Masche**.

DIE VERDREHTE FESTE MASCHE

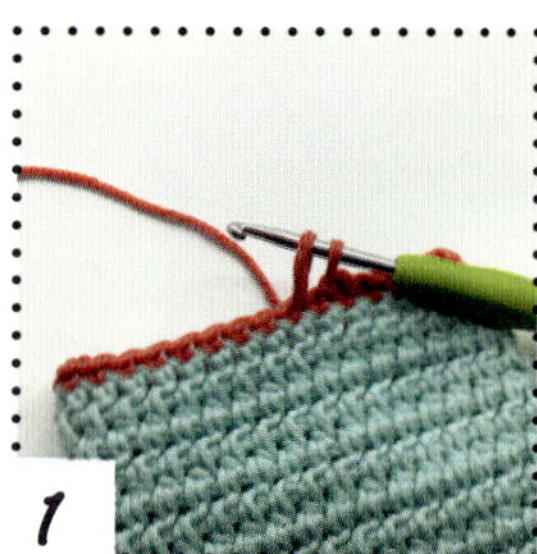

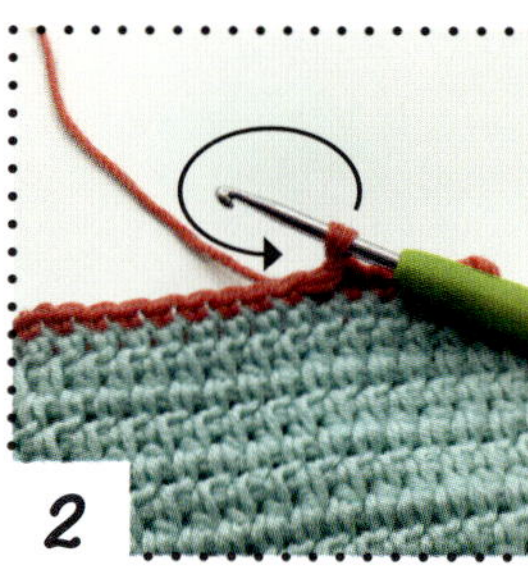

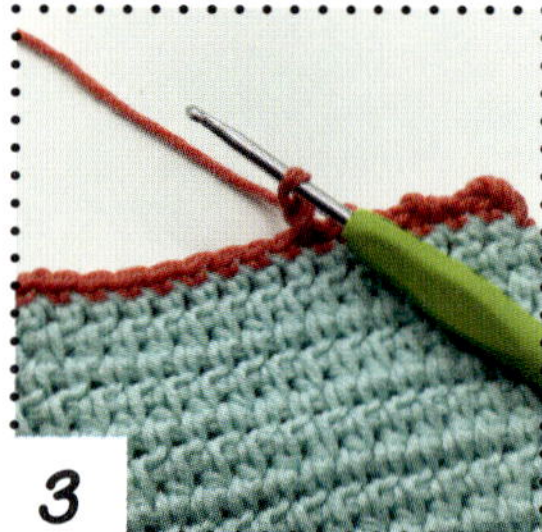

Die verdrehte feste Masche ist eine Variante der festen Masche. Sie wird für Umrandungen genutzt.

Die Schlaufe auf der Häkelnadel auf 8 bis 10 mm Höhe ziehen, in die nächste Masche einstechen, Umschlag machen, durch die Masche führen und dann auf die gleiche Höhe ziehen. Danach wird die Häkelnadel gegen den Uhrzeigersinn um sich selbst gedreht. Einen weiteren Umschlag machen und die Masche wie bei einer festen Masche fertighäkeln.

TIPPS UND TRICKS

Für diese Häkelarbeit sollte weiche Baumwolle verwendet werden, insbesondere für den Kinder-Waschhandschuh. Damit das Häkelmuster des Waschhandschuhs möglichst dicht ist, habe ich mich für ein tiefgestochenes halbes Stäbchen entschieden. Durch die versetzte Anordnung der Reihen entstehen keine Lücken zwischen den Maschen. **Sie benötigen eine gerade Maschenzahl, damit Sie die Teile problemlos Masche für Masche aneinandernähen können.**

Die Seiftücher habe ich mit doppeltem Faden gehäkelt. Dies führt zu einer flauschigen Haptik und einem angenehmen Gefühl auf der Haut. Gehäkelt wird im *Even Moss Stitch*, einem Muster, das durch das Abwechseln von Kettmaschen (siehe S. 14) und halben Stäbchen (siehe S. 15) entsteht. Die Seiftücher werden dadurch recht dick und besonders weich. **Für den *Even Moss Stitch* benötigen Sie unbedingt eine gerade Maschenzahl.**

Anleitung für den Waschhandschuh

IN REIHEN ARBEITEN

Verwenden Sie für den Waschhandschuh für Erwachsene das bunte Garn und häkeln Sie mit der Häkelnadel 4,0 mm eine Luftmaschenkette mit 42 Maschen.

Verwenden Sie für den Waschhandschuh für Kinder das einfarbige Garn und häkeln Sie mit der Häkelnadel 4,0 mm eine Luftmaschenkette mit 32 Maschen.

Lassen Sie in beiden Fällen eine Fadenlänge von 40 bis 50 cm, bevor Sie mit der Luftmaschenkette beginnen: Dieser Faden wird zum Zusammennähen verwendet.

1. Reihe: 1 Lm, 1 hStb in die 1. Masche der Luftmaschenkette (2. Masche von der Häkelnadel aus) und in jede der folgenden Maschen.

2. Reihe (und alle weiteren Reihen): 1 Lm, 1 tiefgestochenes hStb in die 1. Masche der Vorreihe (2. Masche von der Häkelnadel aus) und in jede der folgenden Maschen.

Ich habe für den Erwachsenen-Waschhandschuh insgesamt 28 Reihen gehäkelt (also 19 cm) und für den Kinder-Waschhandschuh 22 Reihen (also 15 cm).

Die letzte Masche unfertig lassen und den Faden nicht abschneiden.

ZUSAMMENNÄHEN

Falten Sie Ihr Werkstück wie gezeigt und nähen Sie die beiden Längskanten mit dem Anfangsfaden Masche für Masche aneinander. Nehmen Sie dann die unfertige Masche vom Ende mit der

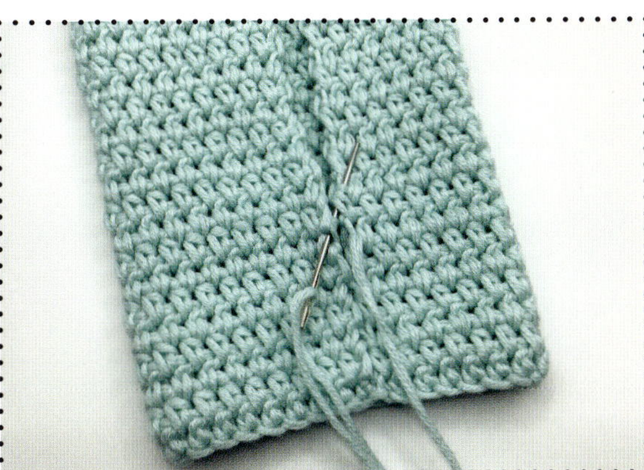

Häkelnadel 4,0 mm wieder auf. 1 Km in die erste Masche der Reihe häkeln, so als wollten Sie eine Runde häkeln, dann 1 Lm häkeln und beide Lagen des Waschhandschuhs mit 1 tiefgestellten fM in jedes halbe Stäbchen verbinden. Insgesamt sind das 21 tiefgestellte fM für das Erwachsenen-Modell und 16 tiefgestellte fM für das Kinder-Modell.

Das Häkelstück beenden und die Fäden vernähen.

UMRANDUNG UND AUFHÄNGER

IN RUNDEN ARBEITEN

Mit der Häkelnadel 3,5 mm eine 0-Masche häkeln (siehe S. 12) und dann die Häkelnadel am Rand des Waschhandschuhs in die 1. Masche nach der Naht stechen.

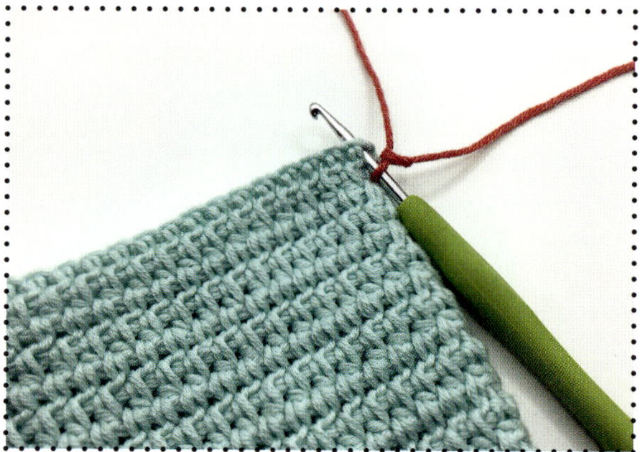

1. Runde: 1 Lm, 1 fM in die gleiche Masche und in jede der folgenden Maschen.

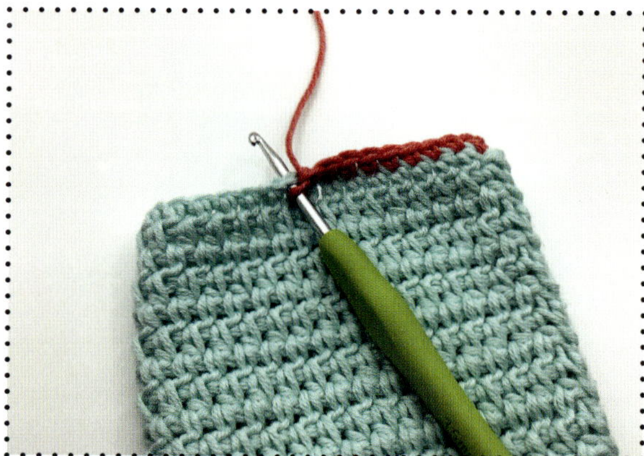

2. Runde: 1 Lm, * 1 verdrehte fM in die folgende Masche, 1 Km in die folgende Masche *, von * bis * wiederholen bis zum Ende der Runde, die mit 1 Km abschließt.

Für den Aufhänger: 16 Lm für den Kinder-Waschhandschuh oder 20 Lm für den Erwachsenen-Waschhandschuh häkeln. Die Luftmaschenkette zu einer Schlaufe formen und das Ende mit 1 Km am Anfang befestigen.

Den Faden abschneiden, durchziehen und alle Fäden vernähen.

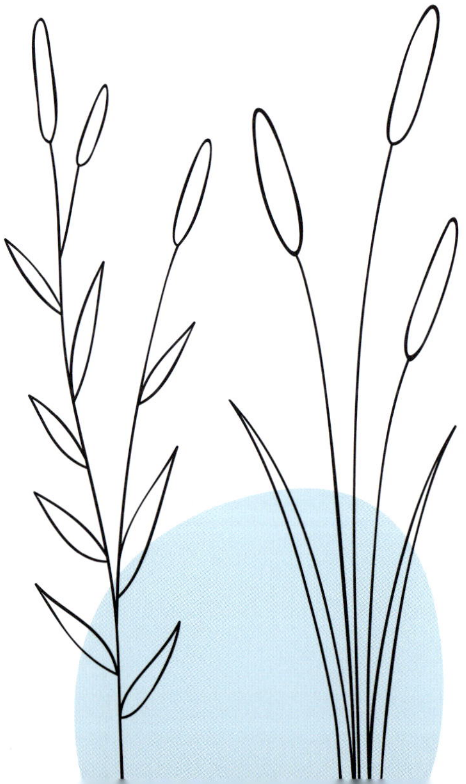

Anleitung für das Seiftuch

IN REIHEN ARBEITEN

Für dieses Projekt sollten Sie zwei Fäden von zwei Knäueln zusammen verwenden.

Mit der Häkelnadel 6,0 mm eine Luftmaschenkette mit 20 Lm anschlagen.

1. bis 22. Reihe: 1 Lm, mit der 1. Masche der Vorreihe beginnen (2. Masche von der Häkelnadel aus): * 1 hStb, 1 Km in die nächste M *, von * bis * wiederholen bis zum Ende der Reihe.

LETZTE REIHE

23. Reihe: 1 Lm, mit der 1. Masche der Vorreihe beginnen (2. Masche von der Häkelnadel aus): * 1 hStb, 1 Km in die nächste M *, von * bis * wiederholen bis zum Ende der Reihe.

AUFHÄNGER

16 Lm häkeln. Die Luftmaschenkette zu einer Schlaufe formen und das Ende mit 1 Km am Anfang befestigen.

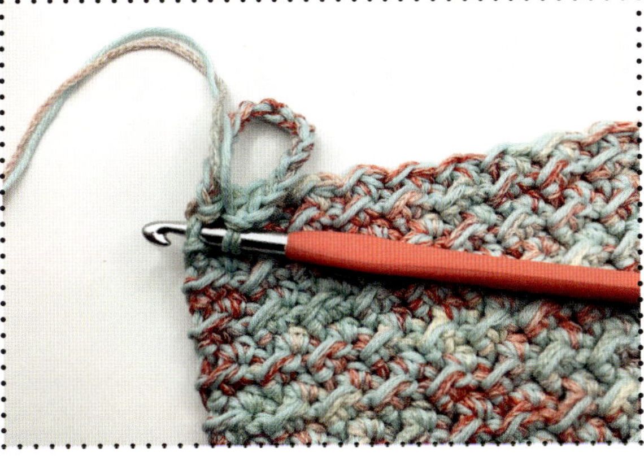

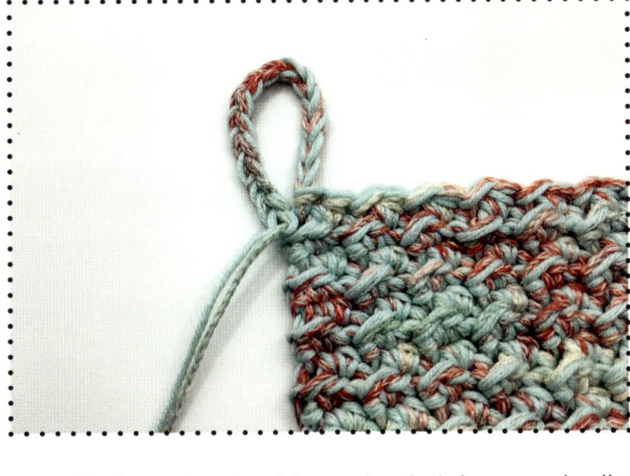

Den Faden abschneiden, durchziehen und alle Fäden vernähen.

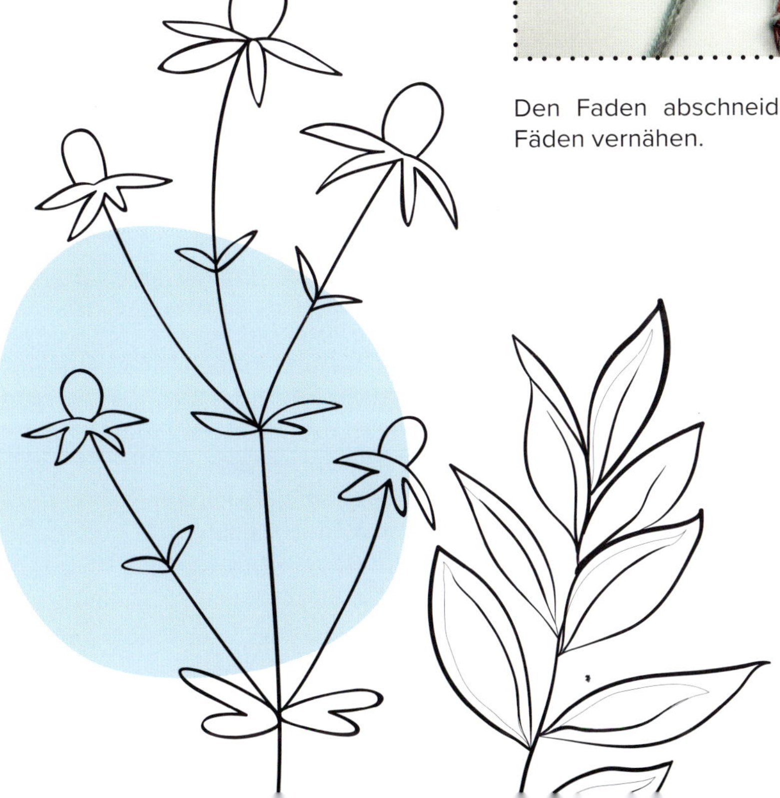

Abschminkpad und Gesichtspad

Auf Einweg-Kosmetikpads lässt sich ganz einfach verzichten, ohne Einbüßen in Sachen Komfort und Budget machen zu müssen. Diese weichen Abschminkpads können in großer Zahl gefertigt werden und sind die ideale Alternative zu Wegwerfprodukten aus dem Handel. Sie lassen sich in einem Wäschesäckchen einfach in der Maschine waschen und werden schnell unentbehrlich. Ein zartes und flauschiges Gesichtspad rundet das Set ab.

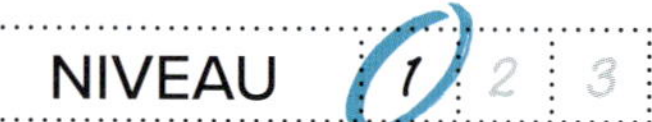

HÄKELDAUER | *weniger als eine Stunde*

Material

FÜR PADS MIT EINEM DURCHMESSER VON 10 CM

Mit einem Knäuel von jedem Garn habe ich 9 Pads gefertigt.

- Garn mit Plüsch-Effekt 100 % Polyamid (50 g / 155 m): 1 Knäuel
- Garn 100 % Baumwolle (50 g / 120 m): 1 Knäuel
- Häkelnadel 5,0 mm
- Häkelnadel 6,0 mm

FÜR EIN GESICHTSPAD MIT EINEM DURCH-MESSER VON 13 CM BENÖTIGEN SIE AUßERDEM:

- Garn 50 % Baumwolle und 50 % Acryl (50 g / 57 m): 1 Knäuel

Verwendete Maschen

- Luftmasche: Lm
- Kettmasche: Km
- feste Masche: fM

TIPPS UND TRICKS

Das verwendete Garn ist besonders flauschig. Allerdings ist es recht schwer zu häkeln, da die Maschen nicht gut erkennbar sind. Um dies zu umgehen, habe ich es mit einem glatten Garn der gleichen Farbe kombiniert. Wenn Sie erste Schritte im Häkeln machen, können Sie das zweite Garn in einer kontrastierenden Farbe verwenden. So sehen Sie die Maschen noch besser.

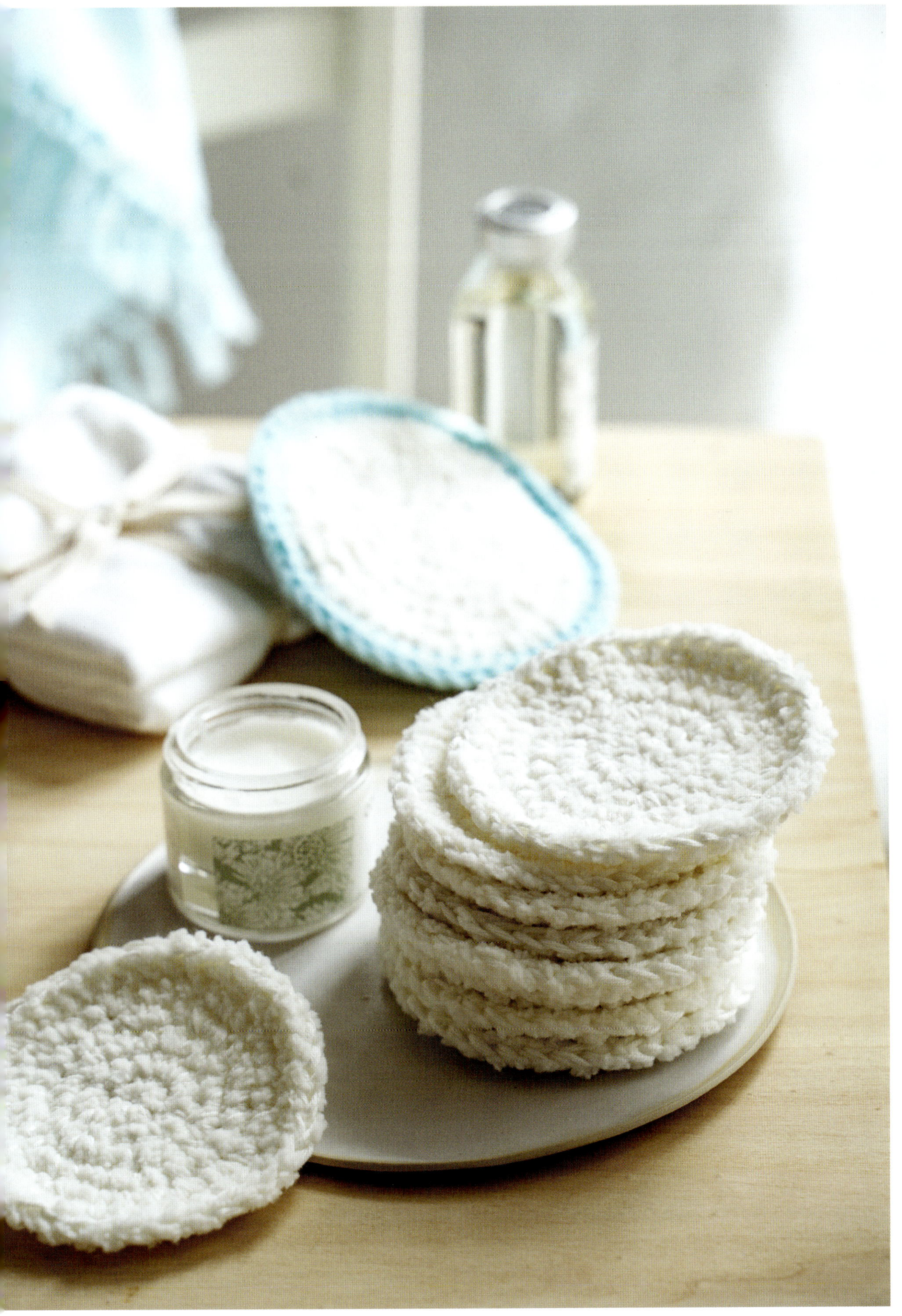

Anleitung für das Abschminkpad

IN GESCHLOSSENEN RUNDEN ARBEITEN

Mit doppeltem Faden häkeln.

1. Runde: Mit der Häkelnadel 5,0 mm 8 fM in einen Fadenring häkeln. Runde schließen (siehe S. 18–20; 8 M).

2. Runde: 1 Lm, 1 fM in die 1. Masche der Vorrunde (die Abschlussmasche!), 2 fM in jede der folgenden 7 Maschen, 1 fM in die letzte M. Die Runde schließen (16 M).

3. Runde: 1 Lm, 1 fM in die 1. Masche der Vorrunde, * 2 fM in die folgende Masche, 1 fM in die folgende Masche *, von * bis * wiederholen bis zum Ende der Runde, die mit 2 fM in die gleiche Masche abschließt. Die Runde schließen (24 M).

4. Runde: 1 Lm, 1 fM in die erste Masche der Vorrunde, * 2 fM in die folgende Masche, dann 1 fM in jede der folgenden 2 Maschen *, von * bis * wiederholen bis zum Ende der Runde. Die Runde schließen (32 M).

5. Runde: 1 Lm, 1 fM in jede der 3 ersten Maschen der Vorrunde, * 2 fM in die folgende Masche, dann 1 fM in jede der folgenden 3 Maschen *, von * bis * wiederholen bis zum Ende der Runde. Die Runde schließen (40 M).

Verwenden Sie nun die Häkelnadel 6,0 mm.

Eine höhere Nadelstärke ermöglicht es, die letzte Runde ohne Zunahmen zu häkeln und so ein Pad zu fertigen, das nicht nur schön rund, sondern auch flach ist.

6. Runde: 1 Lm, 1 fM in jede Masche (40 M).

Die Häkelarbeit unsichtbar beenden (siehe S. 21) und die Fäden vernähen.

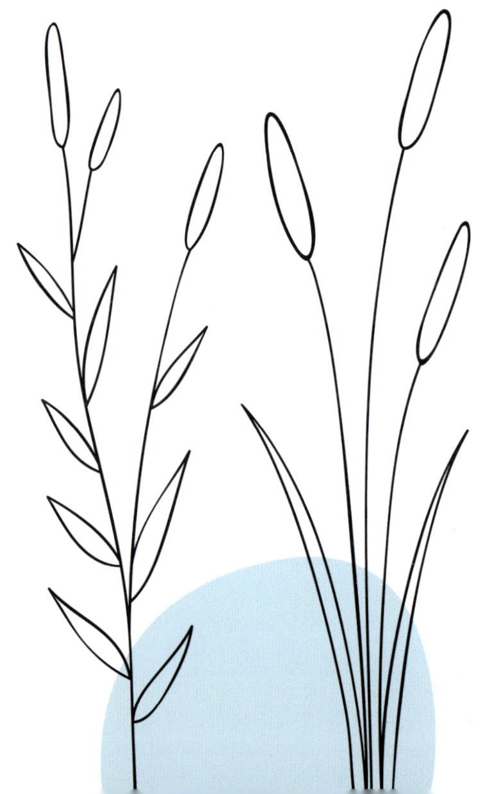

Anleitung für das Gesichtspad

IN GESCHLOSSENEN RUNDEN ARBEITEN

Bis zur einschließlich 5. Runde wird der Innenteil des Gesichtspads (hier: beige) mit den gleichen Fäden und auf die gleiche Art wie das Abschminkpad gehäkelt.

6. Runde: 1 Lm, 1 fM in die erste Masche der Vorrunde, * 2 fM in die folgende Masche, dann 1 fM in jede der folgenden 4 Maschen *, von * bis * wiederholen bis zum Ende der Runde. Die Runde schließen (48 M).

7. Runde: 1 Lm, 1 fM in jede Masche. Die Runde schließen (48 M).

Die Häkelarbeit unsichtbar beenden (siehe S. 21), einen Maschenmarkierer auf die Abschlussstelle setzen und die Fäden vernähen.

Das Gesichtspad besteht aus 2 Lagen, hier in den Farben beige und türkis. Nach dem beigefarbenen Pad wird nun das türkisfarbene nach der gleichen Anleitung gehäkelt, jedoch mit nur einem Faden des Baumwoll-Acryl-Garns.

GESICHTSPAD FERTIGSTELLEN

Das Gesichtspad wird mit einer Häkelnadel der Stärke 6,0 mm zusammengehäkelt.

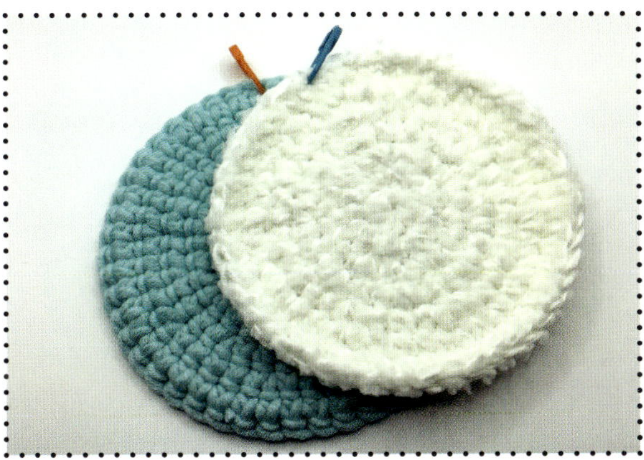

Die beiden runden Teile links auf links aneinanderlegen, wobei das beige Teil oben liegt.

1 Lm mit dem bunten Garn häkeln (also die 0-Masche der Luftmaschenkette). Die Häkelnadel in einem Zug von oben durch die markierten Maschen beider Teile stechen und beide Lagen mit 1 fM zusammenhäkeln.

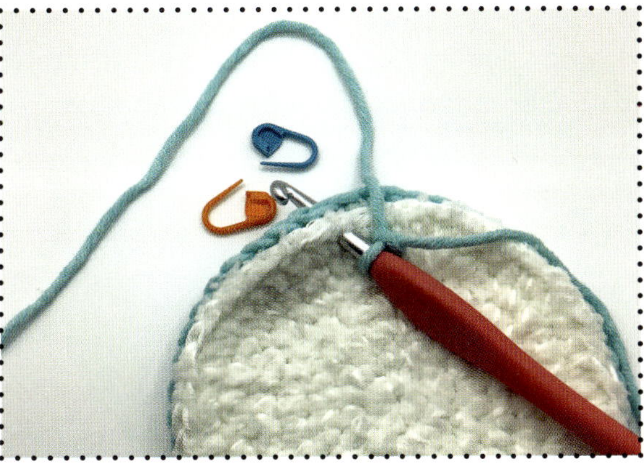

Mit 1 fM in jede Masche bis zum Ende der Runde fortfahren und dabei immer beide Lagen mithäkeln.

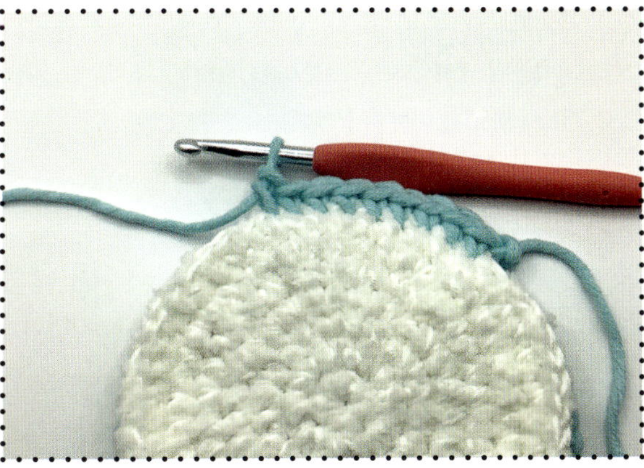

Den Faden abschneiden. Die 0-Masche aufziehen, das Häkelstück unsichtbar beenden (siehe S. 21) und die Fäden vernähen.

TIPPS UND TRICKS

Wer mag kann auf der Rückseite des Gesichtspads eine Halteschlaufe anbringen. Dazu mit der Häkelnadel 6,0 mm eine Luftmaschenkette mit 14 Maschen anschlagen. 4 Reihen feste Maschen häkeln – beim Wenden die Luftmasche nicht vergessen! Den Faden abschneiden, durchziehen und alle Fäden vernähen. Die Halteschlaufe mittig auf der Rückseite des Gesichtspads annähen.

Runder Korb

Im Badezimmer liegen immer kleine Dinge herum, die aufgeräumt werden wollen. Dank dieser Körbe benötigen Sie keine Behältnisse aus Kunststoff mehr! Die Häkelkörbe eignen sich insbesondere zur Aufbewahrung von Abschminkpads oder Haargummis und Haarspangen. Sie haben die Wahl zwischen einem kleinen, einem mittelgroßen und einem großen Korb – oder häkeln Sie doch einfach alle drei!

NIVEAU	1 2 3

HÄKELDAUER	an einem Wochenende

Material

FÜR DEN GROßEN KORB MIT 16 CM DURCHMESSER UND 7 CM HÖHE

FÜR DEN MITTLEREN KORB MIT 15 CM DURCHMESSER UND 7 CM HÖHE

FÜR DEN KLEINEN KORB MIT 14 CM DURCHMESSER UND 9 CM HÖHE

- Garn 45 % Baumwolle und 55 % Acryl (50 g/102 m): 1 Knäuel pro Korb
- Ich habe für die Borten der Körbe die Farbe Aquagrün gewählt.

Kaufen Sie nicht extra ein weiteres Knäuel, falls Sie noch passende Garnreste haben, die farblich einen guten Kontrast bilden.

- Häkelnadel 4,0 mm
- Häkelnadel 3,5 mm

Verwendete Maschen

- **Luftmasche: Lm**
- **Kettmasche: Km**
- **feste Masche: fM**
- **gekreuzte feste Masche: gfM**

TIPPS UND TRICKS

Eine feste Baumwolle eignet sich besonders gut für dieses Projekt. Eine kleinere Nadelstärke ermöglicht es zudem, dichter zu häkeln, sodass der Korb formstabil wird. Die Kreuzmasche sorgt für ein originelles Muster auf dem Korb, ohne den Schwierigkeitsgrad zu erhöhen.

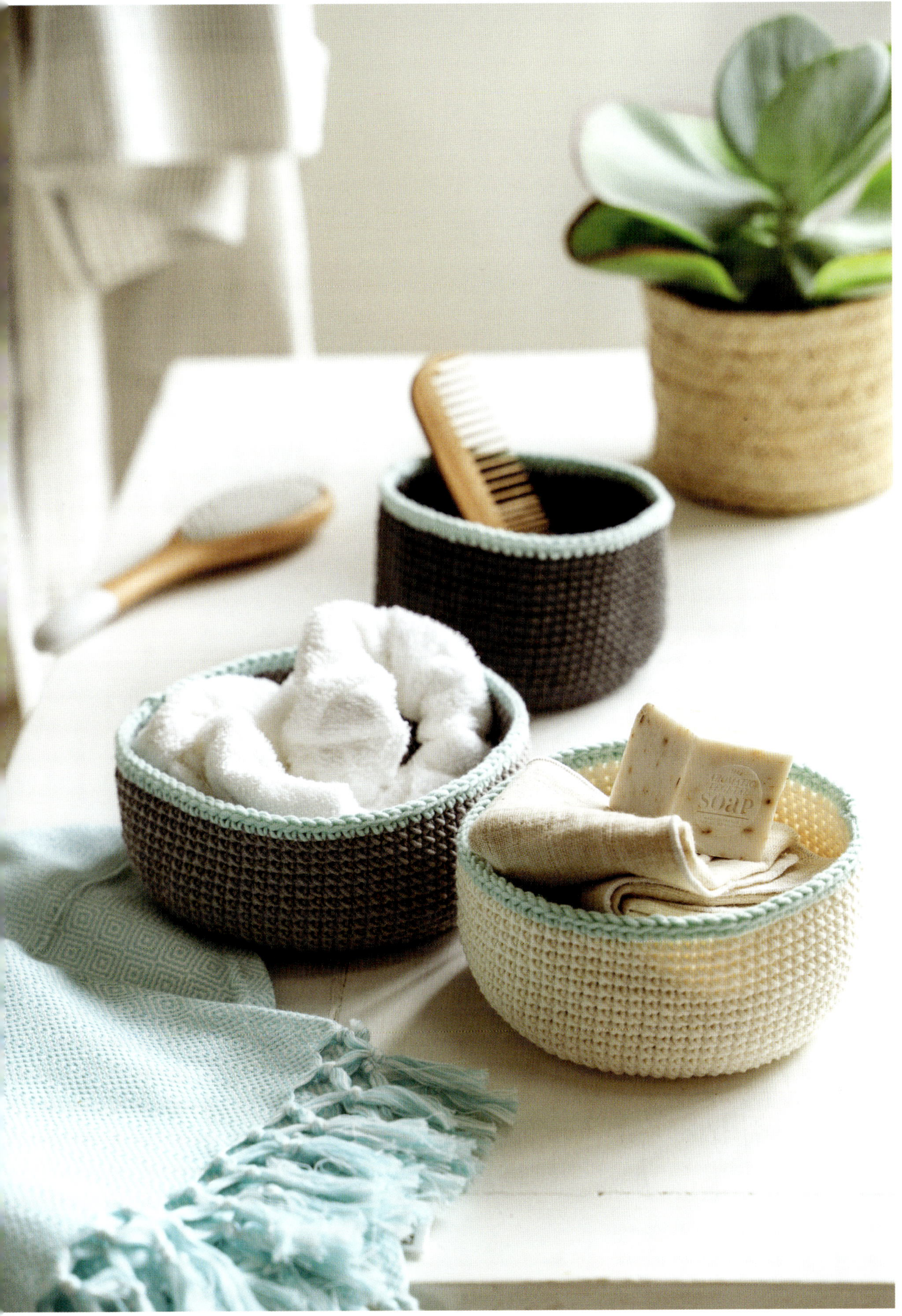
SOAP

DIE GEKREUZTE FESTE MASCHE

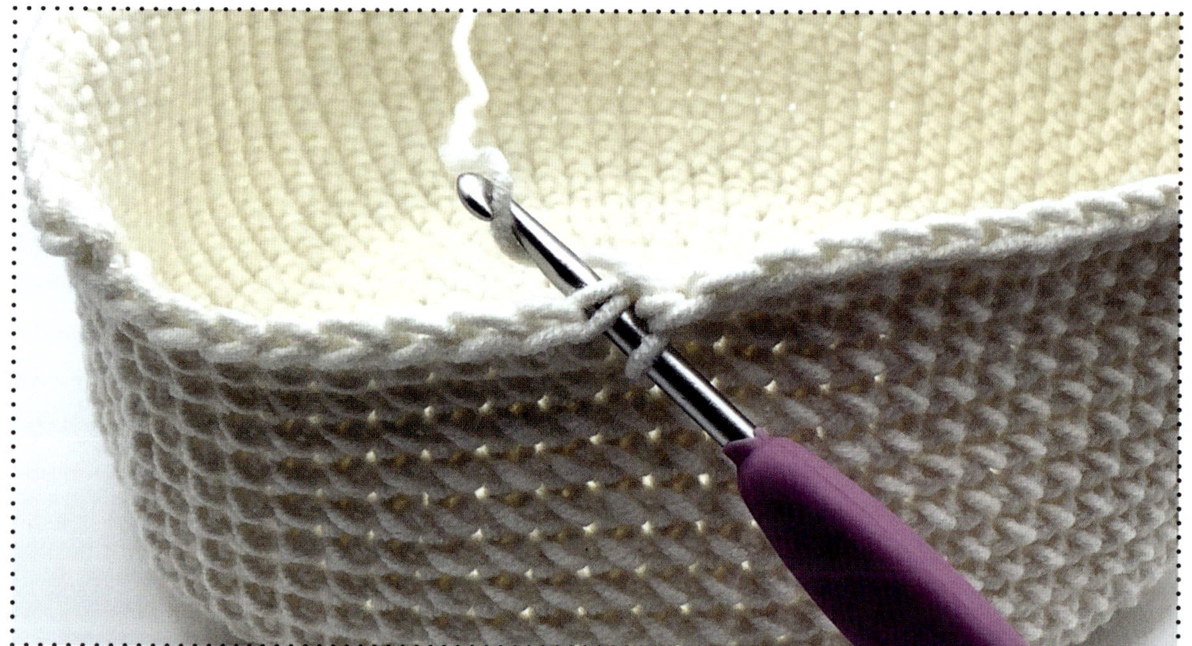

Die **gekreuzte feste Masche (gfM)** wird wie eine feste Masche gehäkelt. Allerdings wird der Faden beim ersten Umschlag von unten auf die Häkelnadel geholt und nicht von oben.

Anleitung

IN GESCHLOSSENEN RUNDEN ARBEITEN

BODEN

1. Runde: Mit der Häkelnadel 4,0 mm 8 fM in einen Fadenring häkeln. Die Runde schließen (siehe S. 18–20).

2. Runde: 1 Lm, 1 fM in die 1. Masche der Vorrunde (die Abschlussmasche!), 2 fM in jeder der folgenden 7 Maschen, 1 fM in die folgende M. Die Runde schließen (16 M).

3. Runde: 1 Lm, 1 fM in die 1. Masche der Vorrunde, * 2 fM in die folgende Masche, 1 fM in die folgende Masche *, von * bis * wiederholen bis zum Ende der Runde, die mit 2 fM abschließt. Die Runde schließen (24 M).

4. Runde: 1 Lm, 1 fM in die 1. Masche der Vorrunde, * 2 fM in die folgende Masche, dann 1 fM in jede der folgenden 2 Maschen *, von * bis * wiederholen bis zum Ende der Runde. Die Runde schließen (32 M).

5. Runde: 1 Lm, 1 fM in jede der 3 ersten Maschen der Vorrunde, * 2 fM in die folgende Masche, dann 1 fM in jede der folgenden 3 Maschen *, von * bis * wiederholen bis zum Ende der Runde. Die Runde schließen (40 M).

6. Runde: 1 Lm, 1 fM in jede Masche. Die Runde schließen (40 M).

7. Runde: 1 Lm, 1 fM in die 1. Masche der Vorrunde, * 2 fM in die folgende Masche, dann 1 fM in jede der folgenden 4 Maschen *, von * bis * wiederholen bis zum Ende der Runde. Die Runde schließen (48 M).

8. Runde: 1 Lm, 1 fM in jede der 3 ersten Maschen der Vorrunde, * 2 fM in die folgende Masche, dann 1 fM in jede der folgenden 5 Maschen *, von * bis * wiederholen bis zum Ende der Runde. Die Runde schließen (56 M).

9. Runde: 1 Lm, 1 fM in jede der 6 ersten Maschen der Vorrunde, * 2 fM in die folgende Masche, dann 1 fM in jede der folgenden 6 Maschen *, von * bis * wiederholen bis zum Ende der Runde. Die Runde schließen (64 M).

10. Runde: 1 Lm, 1 fM in jede der 4 ersten Maschen der Vorrunde, * 2 fM in die folgende Masche, dann 1 fM in jede der folgenden 7 Maschen *, von * bis * wiederholen bis zum Ende der Runde. Die Runde schließen (72 M).

Der Boden des kleinen Korbs ist fertig.

11. Runde: 1 Lm, 1 fM in jede der 2 ersten Maschen der Vorrunde, * 2 fM in die folgende Masche, dann 1 fM in jede der folgenden 8 Maschen *, von * bis * wiederholen bis zum Ende der Runde. Die Runde schließen (80 M).

Der Boden des mittelgroßen Korbs ist fertig.

12. Runde: 1 Lm, 1 fM in jede der 9 ersten Maschen der Vorrunde, * 2 fM in die folgende Masche, dann 1 fM in jede der folgenden 9 Maschen *, von * bis * wiederholen bis zum Ende der Runde. Die Runde schließen (88 M).

Der Boden des großen Korbs ist fertig.

SEITENTEIL

13. bis 22. Runde (klein)., 13. bis 24. Runde (mittel) oder 13. bis 26. Runde (groß): 1 Lm, 1 gfM in die 1. Masche der Vorrunde (2. Masche von der Häkelnadel aus) und in jede der folgenden Maschen. Die Runde schließen.

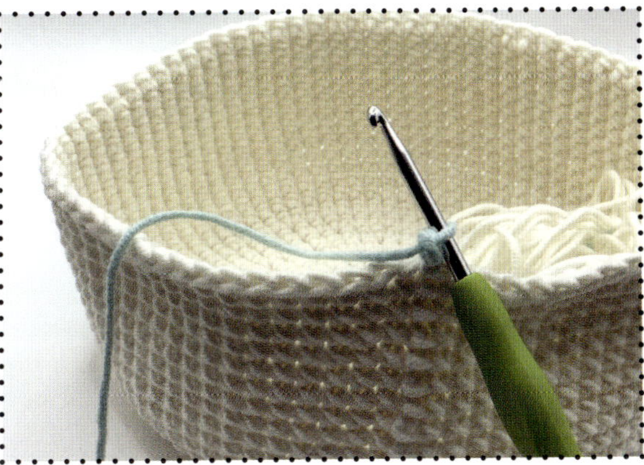

RAND (IN KONTRASTFARBE)

Mit Häkelnadel 3,5 mm

Vorletzte Runde: 1 Lm, 1 fM in die erste Masche der Vorrunde und in jede folgende Maschen, 1 Km in die erste Masche der gleichen Runde.

Das Häkelstück um 180 Grad drehen, sodass die letzte Masche der letzten Runde zur ersten Masche der neuen Runde wird. Die Häkelnadel befindet sich nun im Inneren des Korbs.

Letzte Runde: Die erste Masche der Runde überspringen, 1 Km in die folgende Masche und jede der folgenden Maschen.

Das Häkelstück unsichtbar beenden (siehe S. 21).

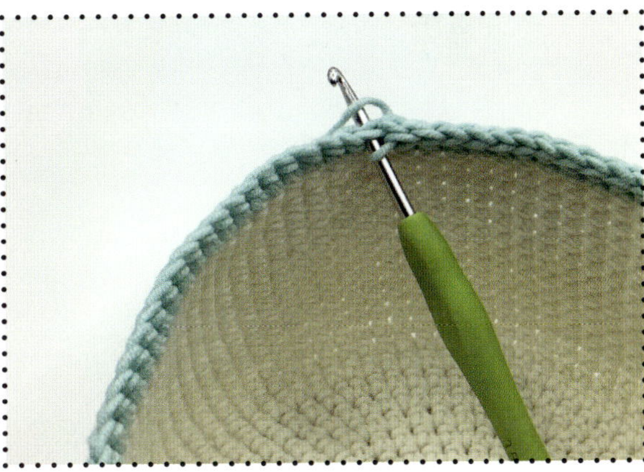

Peelingpad

Mit diesem Peelingpad wird Ihre Haut am ganzen Körper so zart wie Seide. Dank seiner sechseckigen Form ist es sehr handlich und wird schnell zum unentbehrlichen Accessoire. Möchten Sie auch ein spezielles Peelingpad für Ihr Gesicht? Nichts einfacher als das! Folgen Sie der Anleitung, benutzen Sie jedoch nur einen Faden statt zwei und passen Sie die Nadelstärke an.

NIVEAU	1 2 3	HÄKELDAUER	an einem Abend

Material

FÜR EIN SECHSECK MIT EINEM DURCHMESSER VON 11 BIS 12 CM

- Garn 53 % Baumwolle und 47 % Leinen (50 g / 112 m)
- Häkelnadel 4,5 mm

Das Garn wiegen und durch Abwickeln und neu Aufwickeln in 2 gleichgroße Knäuel teilen.

Verwendete Maschen

- Luftmasche: Lm
- Kettmasche: Km
- halbe Fischgrätstäbchen (siehe S. 82): hFgStb

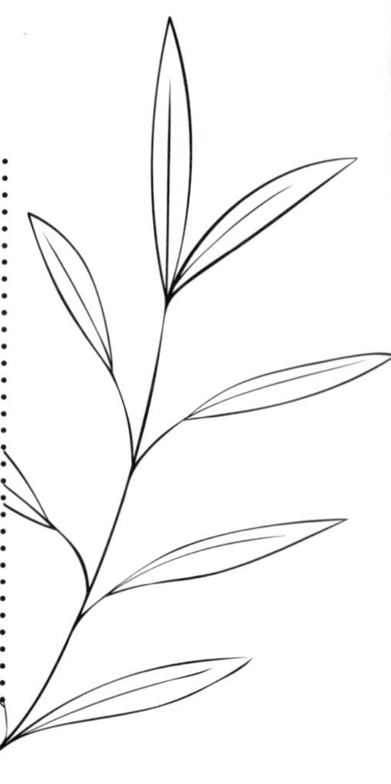

TIPPS UND TRICKS

Der Unterschied zwischen dem Abschminkpad und dem Peelingpad liegt hauptsächlich im Garn, das verwendet wird. Für das Peelingpad wird keine weiche Baumwolle verwendet. Ich habe mich für ein raues Garn entschieden, das zur Hälfte aus Leinen besteht. Um den Peelingeffekt noch zu verstärken, habe ich es mit halben Fischgrätstäbchen in Runden gehäkelt, sodass Knötchen an der Basis entstehen.

Auf Englisch sind halben Fischgrätstäbchen als *Herringbone Half Double Crochet* bekannt. Es handelt sich um eine Variante des halben Stäbchens, die durch eine dichtere und regelmäßigere Optik besticht.

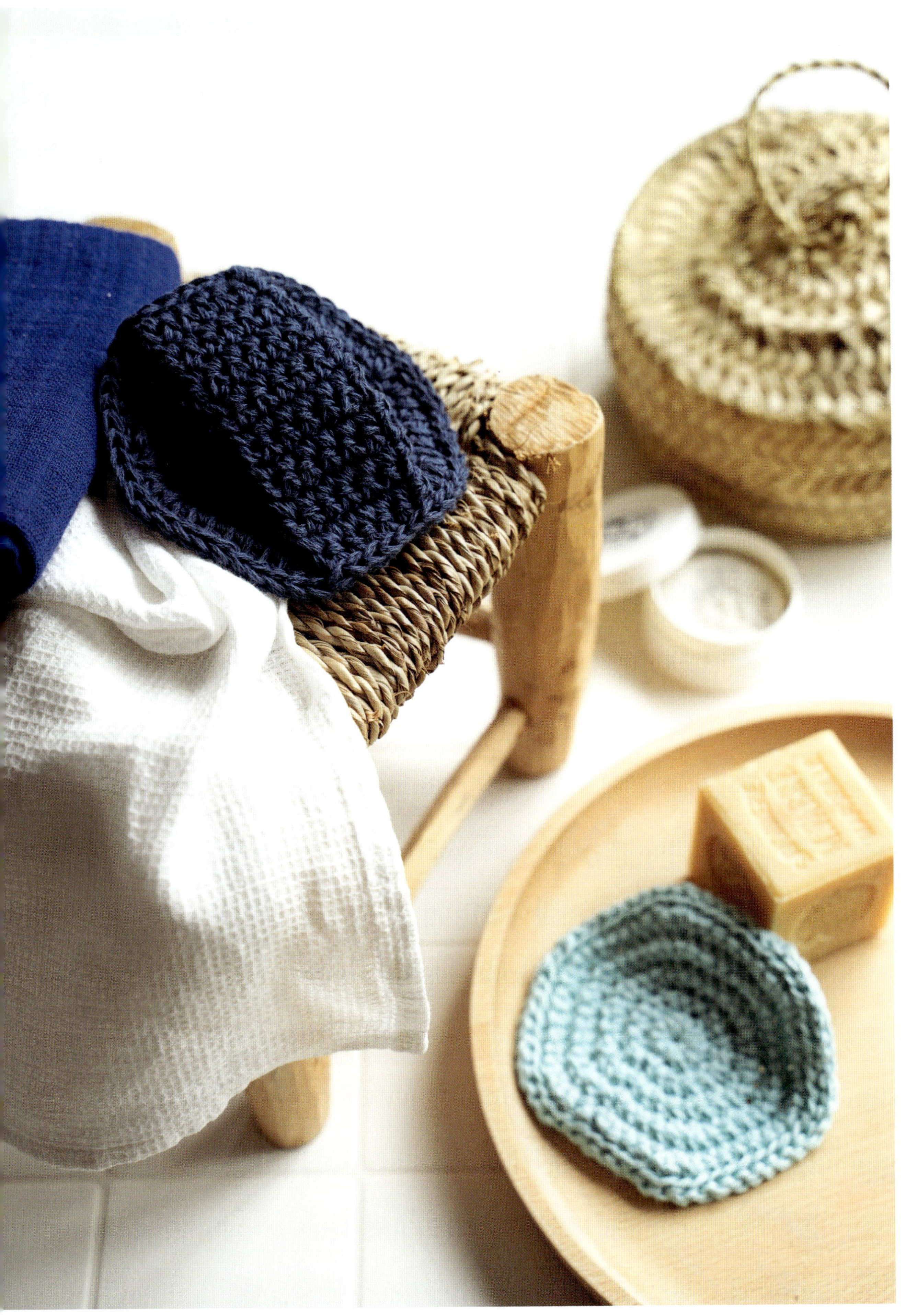

Anleitung

IN GESCHLOSSENEN RUNDEN ARBEITEN

Mit doppeltem Faden häkeln.

1. Runde: Mit der Häkelnadel 4,5 mm 12 hFgStb in einen Fadenring häkeln. Die Runde schließen (siehe S. 18–20).

2. Runde: 2 Lm, 1 hFgStb in die 1. Masche der Vorrunde (die Abschlussmasche!), * 2 hFgStb in die folgende Masche, 1 hFgStb in die folgende Masche *, von * bis * wiederholen bis zum Ende der Runde. Die Runde schließen (18 M).

3. Runde: 1 Lm, 1 hFgStb in die 1. Masche der Vorrunde, * 2 hFgStb in jede der folgenden 2 Maschen, 1 hFgStb in die folgende Masche *, von * bis * wiederholen bis zum Ende der Runde. Die Runde schließen (30 M).

4. Runde: 1 Lm, 1 hFgStb in jede der 2 ersten Maschen der Vorrunde, * 2 hFgStb in jede der folgenden 2 Maschen, 1 hFgStb in jede der folgenden 3 Maschen *, von * bis * wiederholen bis zum Ende der Runde. Die Runde schließen (42 M).

5. Runde: 1 Lm, 1 hFgStb in jede der 3 ersten Maschen der Vorrunde, * 2 hFgStb in jede der folgenden 2 Maschen, 1 hFgStb in jede der folgenden 5 Maschen *, von * bis * wiederholen bis zum Ende der Runde. Die Runde schließen (54 M).

Häkelstück unsichtbar beenden (siehe S. 21).

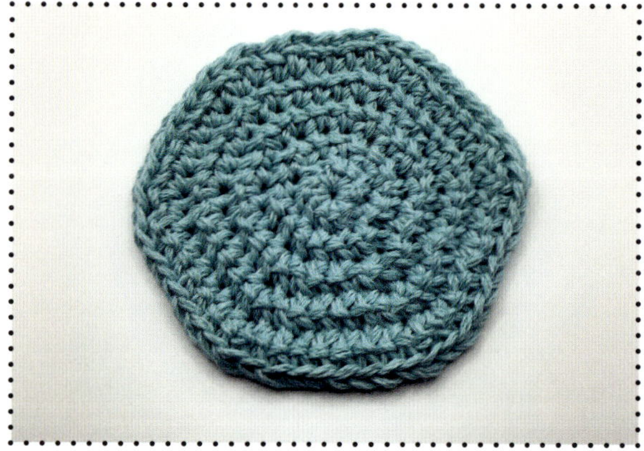

HALTESCHLAUFE

Mit der Häkelnadel 4,5 mm eine Luftmaschenkette mit 6 Lm doppelfädig anschlagen.

1. bis 16. Reihe: 1 Lm, 1 fM in die 2. Masche von der Häkelnadel aus und in jede der folgenden Maschen.

Den Faden abschneiden und die Fäden vernähen.

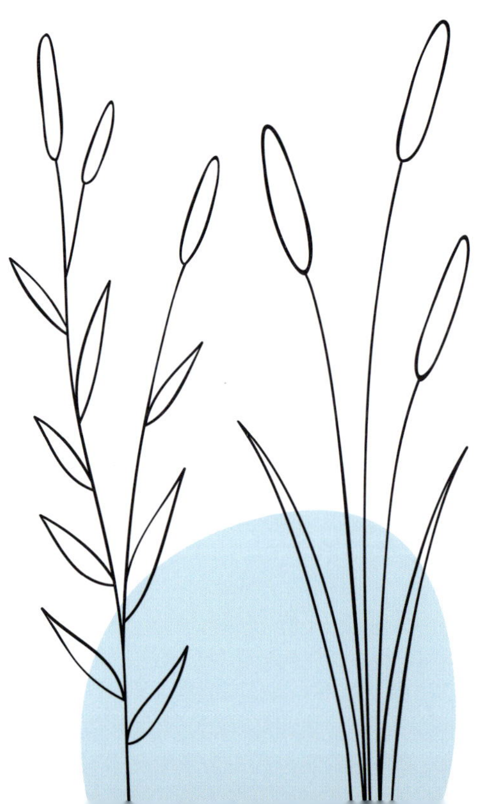

FERTIGSTELLEN

Die Halteschlaufe auf der Rückseite des Peelingpads mittig platzieren. 1 Lm mit dem doppelten Faden häkeln. Die Häkelnadel zugleich durch die Halteschlaufe und das Pad stechen und 1 Km häkeln. 1 Km in die folgenden 5 Maschen häkeln und dabei immer durch beide Lagen stechen. Mit Km nur auf dem Pad fortfahren bis einschließlich Masche 26.

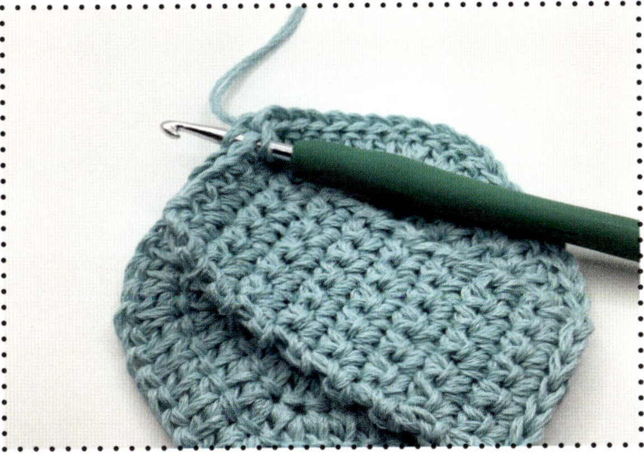

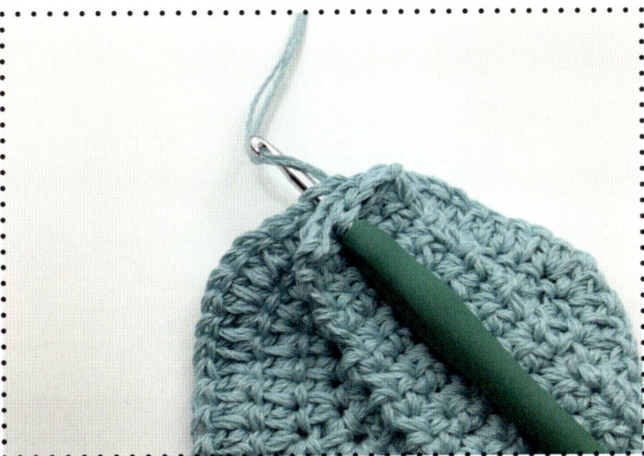

6 Maschen lang Km durch die Halteschlaufe und das Pad häkeln. Das Peelingpad bis zur Anfangsmasche vollständig umhäkeln.

Den Faden abschneiden und alle Fäden vernähen.

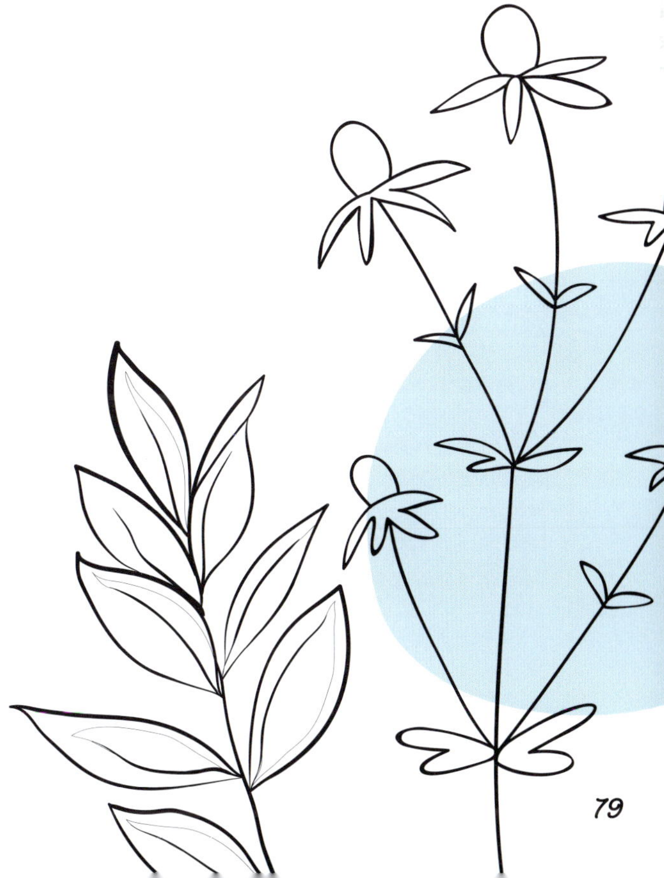

Bodematte

Was gibt es Schöneres, als nach einer Dusche oder einem Bad eine weiche Bademattte unter den Füßen zu spüren? Sie trocknet schnell und bleibt dabei flauschig. Wählen Sie eine Farbe, die Sie ans Meer erinnert. So vereinen Sie Komfort und Urlaubsfeeling!

NIVEAU	1	2	3

HÄKELDAUER	an einem langen Wochenende

Material

FÜR EINE MATTE DER GRÖSSE 60 × 90 CM

- Veloursgarn 100 % Polyester (40 g / 72 m):
  3 Knäuel der Farbe A (hier: blau wie das Meer)
  1 Knäuel der Farbe B (hier: weiß wie die Schaumkronen auf den Wellen)
  5 Knäuel der Farbe C (hier: grau wie die Kiesel auf dem Meeresgrund)
- Häkelnadel 5,0 mm

Verwendete Maschen

- Luftmasche: Lm
- halbe Fischgrätstäbchen: hFgStb
- Krebsmasche: Krebsm

TIPPS UND TRICKS

Für diese Häkelarbeit habe ich ein Chenillegarn verwendet, das nicht nur weich ist, sondern auch schnell trocknet. Das Garn sollte hochwertig sein, was jedoch nicht immer der Fall ist. Daher sollten Sie es sorgfältig auswählen. Es darf nicht zu weich sein. Meine Badematte besteht vollständig aus halben Fischgrätstäbchen.

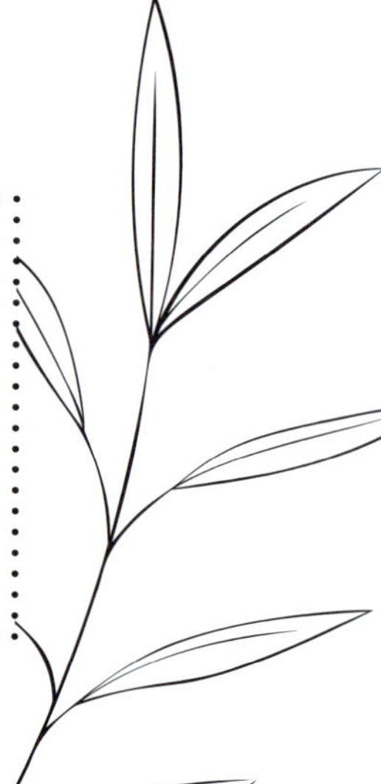

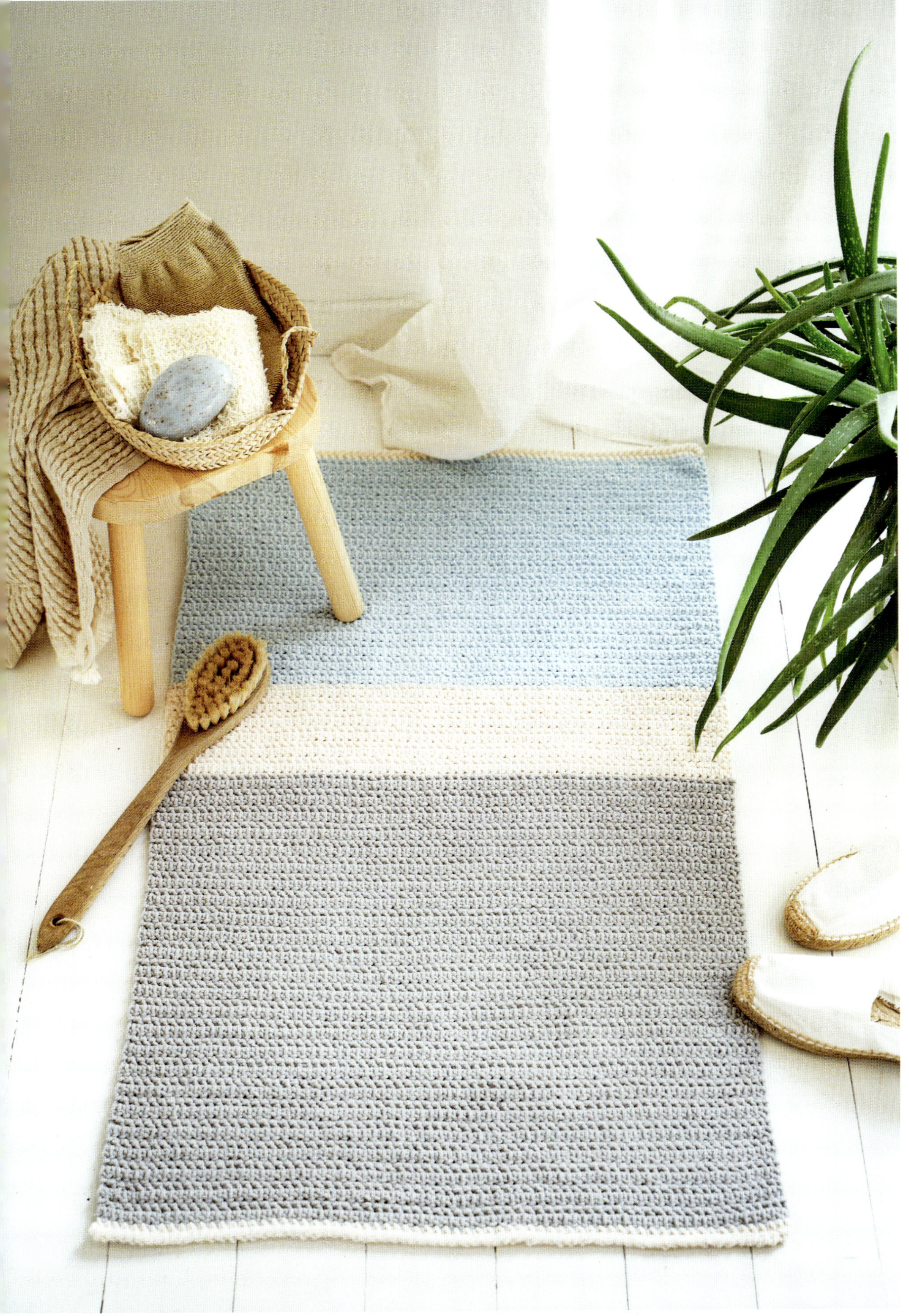

DAS HALBE FISCHGRÄTSTÄBCHEN

Für ein **halbes Fischgrätstäbchen (hFgStb)** Umschlag machen, die Häkelnadel in die Masche einstechen, Umschlag machen und den Faden durch die Masche und den ersten Umschlag ziehen (es befinden sich zwei Schlingen auf der Häkelnadel), Umschlag machen und den Faden durch die zwei restlichen Schlingen ziehen.

KREBSMASCHE

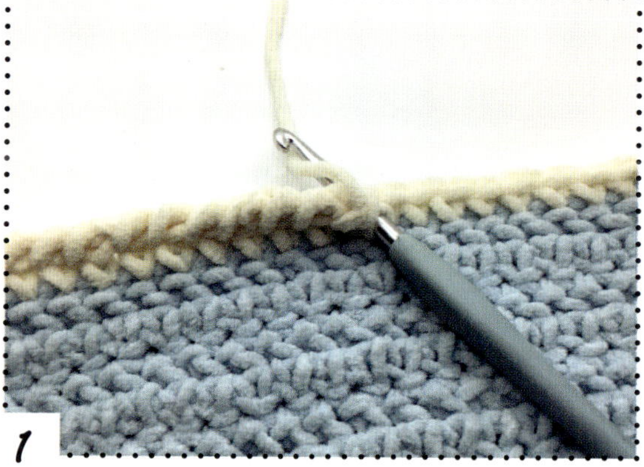

1

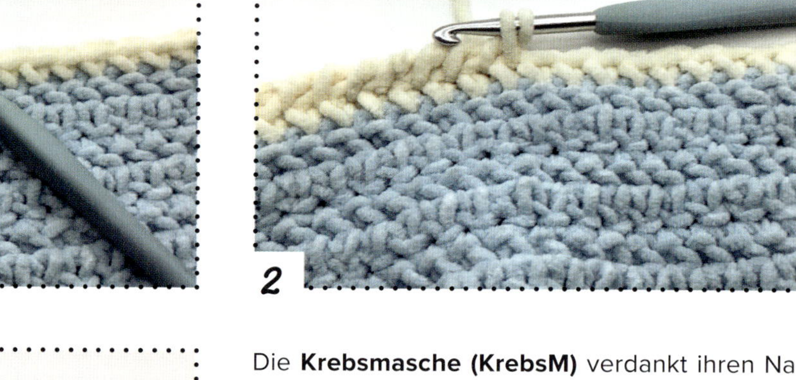

2

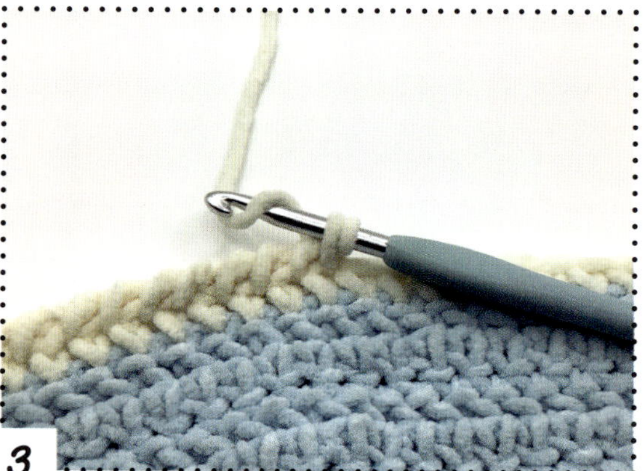

3

Die **Krebsmasche (KrebsM)** verdankt ihren Namen der Tatsache, dass sie rückwärts gehäkelt wird – Flusskrebse schwimmen rückwärts. Konkret bedeutet das, dass die Krebsmasche gegen die normale Arbeitsrichtung gehäkelt wird, also von links nach rechts. Eigentlich handelt es sich um nichts anderes als um eine einfache feste Masche!

Die Häkelnadel in die nächste rechte Masche stechen, einen Umschlag machen, den Faden durchziehen, einen Umschlag machen und die Masche abschließen.

Anleitung

IN REIHEN ARBEITEN

Mit der Häkelnadel 5,0 mm eine Luftmaschenkette mit 70 Lm in der Farbe A anschlagen.

1. Reihe (und alle weiteren Reihen): 1 Lm, 1 hFgStb in die 2. Masche der Vorreihe (3. Masche von der Häkelnadel aus) und in jede der folgenden Maschen.

Ich habe folgendes Farbschema gehäkelt:

- Farbe A: 32 Reihen (etwa 30 cm)
- Farbe B 12 Reihen (etwa 10 bis 11 cm)
- Farbe C: 48 Reihen (etwa 45 cm)

Vor dem Farbwechsel den Faden abschneiden.

UMRANDUNG

Das Häkelstück auf rechts drehen. Der Abschlussfaden befindet sich oben rechts.

Die erste Reihe wird wie gewohnt von rechts nach links gehäkelt. Die zweite Reihe wird jedoch von links nach rechts mit Krebsmaschen gehäkelt.

1. Runde: 1 Lm auf der Häkelnadel, 1 fM in die 1. Masche der Reihe und in alle folgenden Maschen (70 M). Das Häkelstück nicht wenden!

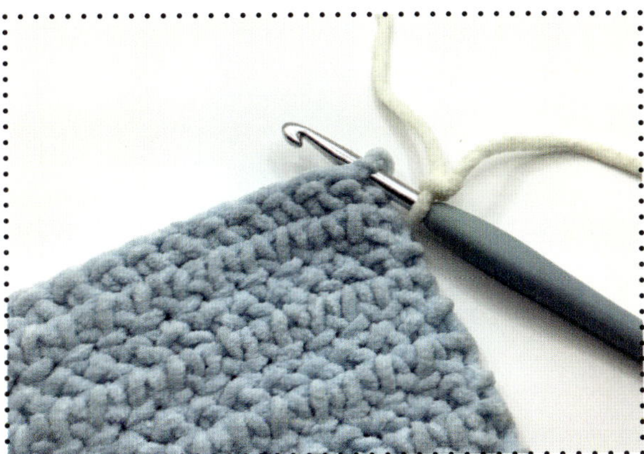

2. Runde: 1 Lm, 1 Krebsm in jede Masche.

Den Faden abschneiden, durchziehen und alle Fäden vernähen.

TIPP

Vernähen Sie die Fäden nach und nach und nicht alle am Schluss, mit Ausnahme des Anfangs- und Abschlussfadens, die als Markierung dienen.

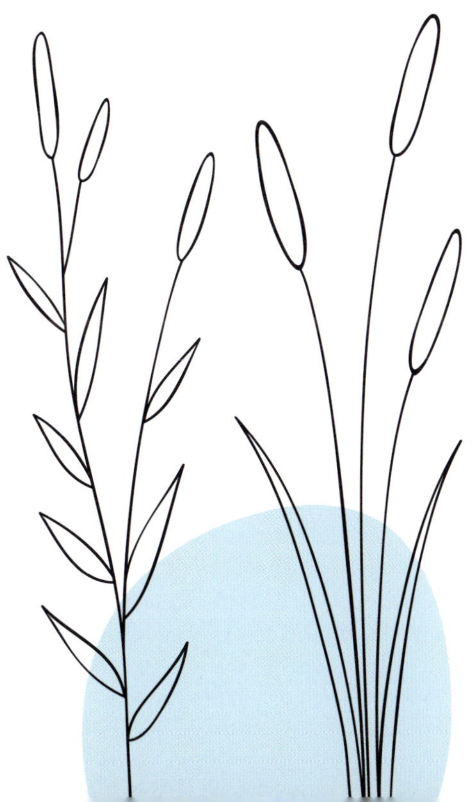

Weicher Schwamm

Diese Badeschwämme sind schön dick und handlich und wenn Sie sie erst einmal benutzt haben, möchten Sie sicher nicht mehr auf sie verzichten. Häkelschwämme können auch die synthetischen Schwämme ersetzen, die oft zum Reinigen der Dusche und der Badewanne verwendet werden.

NIVEAU	1	2	3

HÄKELDAUER	*an einem Abend*

Material

FÜR ZWEI FÜNFECKIGE SCHWÄMME VON 8 CM ODER 10 CM DURCHMESSER

- Garn 45 % Baumwolle und 55 % Acryl (50 g / 102 m): 1 Knäuel
- Häkelnadel 6,0 mm

Verwendete Maschen

- Luftmasche: Lm
- Kettmasche: Km
- Kettmasche nur ins hintere Maschenglied: Km nur hMg

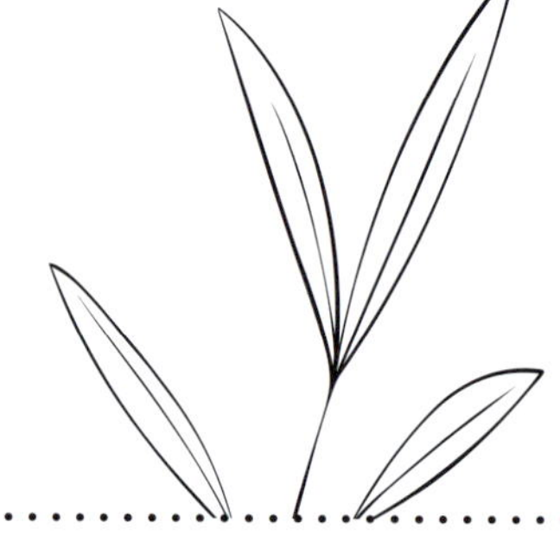

TIPPS UND TRICKS

Das hier verwendete Muster erinnert an „glatt rechts" beim Stricken. Die verwendete Technik ist als Kettmaschenhäkeln bekannt. Im englischsprachigen Raum wird sie als *„Fisherman Stitch"*, also „Fischermasche", bezeichnet. Das Muster ist sehr dicht, da nur an der Kante gehäkelt wird, und sorgt für einen guten Wärmeschutz bei den Pullovern und Mützen, die von Fischern an der Nordsee getragen werden. Es lässt sich zudem leicht häkeln, da alle Reihen ausschließlich aus Kettmaschen bestehen, bei denen nur in das hintere Maschenglied eingestochen wird. **Das Muster kann mit einer geraden und mit einer ungeraden Maschenzahl gehäkelt werden.**

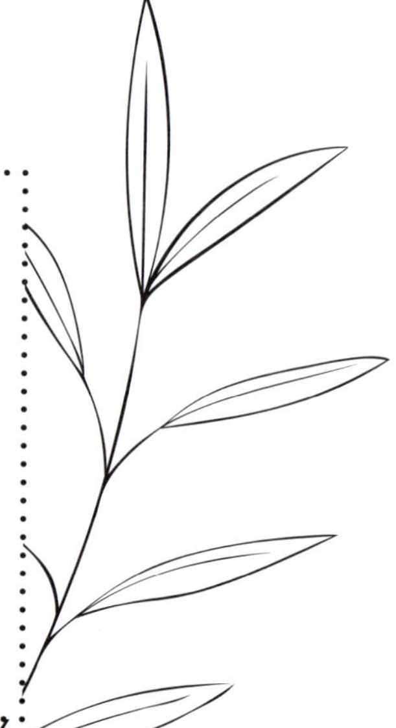

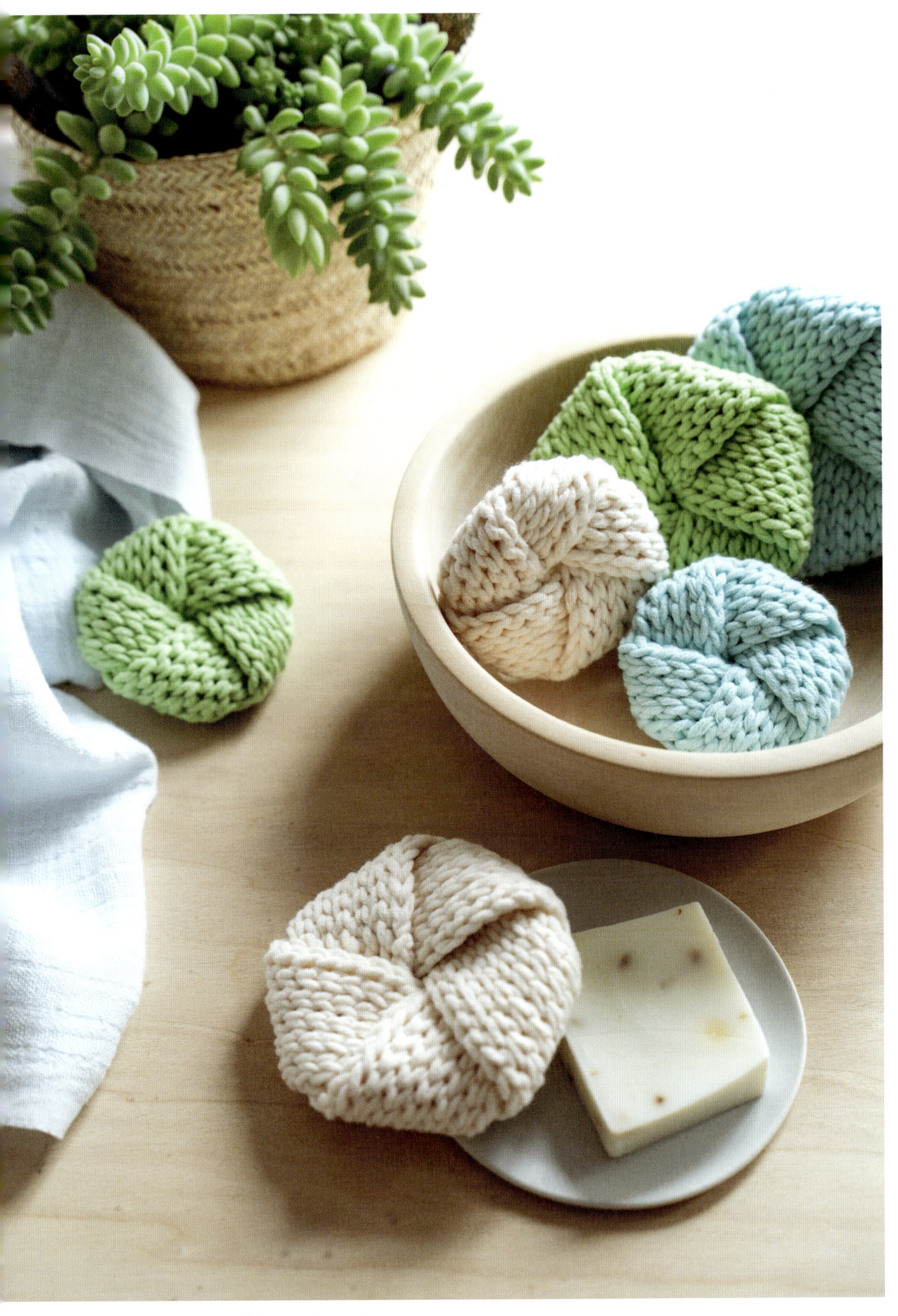

KETTMASCHEN NUR INS HINTERE MASCHENGLIED HÄKELN

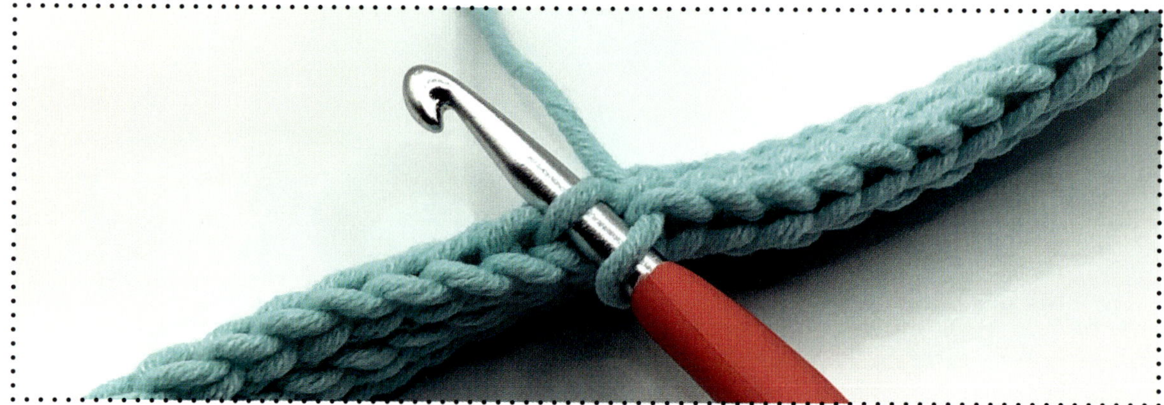

Wie der Name schon sagt: Wenn Sie **Kettmaschen nur ins hintere Maschenglied häkeln (Km nur hMg),** stechen Sie die Häkelnadel nur ins hintere Maschenglied der Masche der Vorgängerreihe und häkeln Sie dann eine Kettmasche. Machen Sie einen Umschlag und ziehen Sie den Faden durch die beiden Schlingen. So arbeiten Sie sich an der Kante der Häkelarbeit voran.

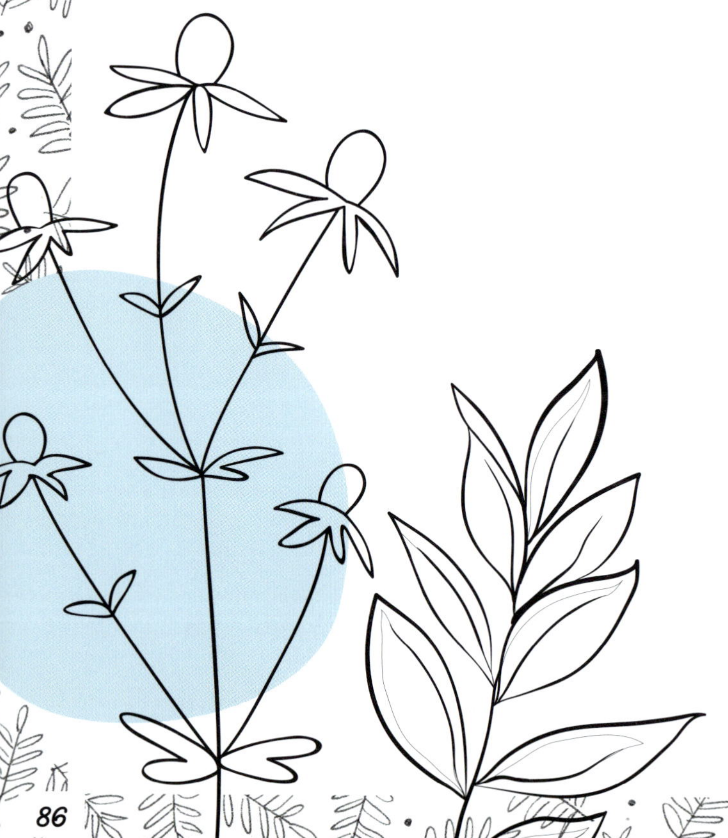

Anleitung

IN REIHEN ARBEITEN

Mit der Häkelnadel 6,0 mm eine Luftmaschenkette mit 50 Maschen für den kleinen Schwamm und 70 Maschen für den großen Schwamm anschlagen.

1. Reihe und alle weiteren Reihen: 1 Lm, 1 Km nur hMg in die 1. Masche der Luftmaschenkette (2. Masche von der Häkelnadel aus) und in alle folgenden Maschen, bis nur noch eine ungehäkelte Masche in der Reihe übrig bleibt. Die Reihe mit 1 Km abschließen.

Am Ende des Häkelstücks etwa 20 cm Faden lassen.

Für einen Schwamm mit einem Durchmesser von 8 cm benötigen Sie einen gehäkelten Streifen mit einer Länge von 34 bis 35 cm und einer Breite von 3,5 cm. Für einen Schwamm mit einem Durchmesser von 10 cm benötigen Sie einen Streifen mit einer Länge von 48 bis 49 cm und einer Breite von 4,5 cm.

Messen Sie Ihren Häkelstreifen regelmäßig aus und fügen Sie Reihen hinzu, bis Sie die benötige Breite erhalten. Ich habe 7 Reihen für den kleinen und 11 Reihen für den großen Schwamm gehäkelt.

FERTIGSTELLEN

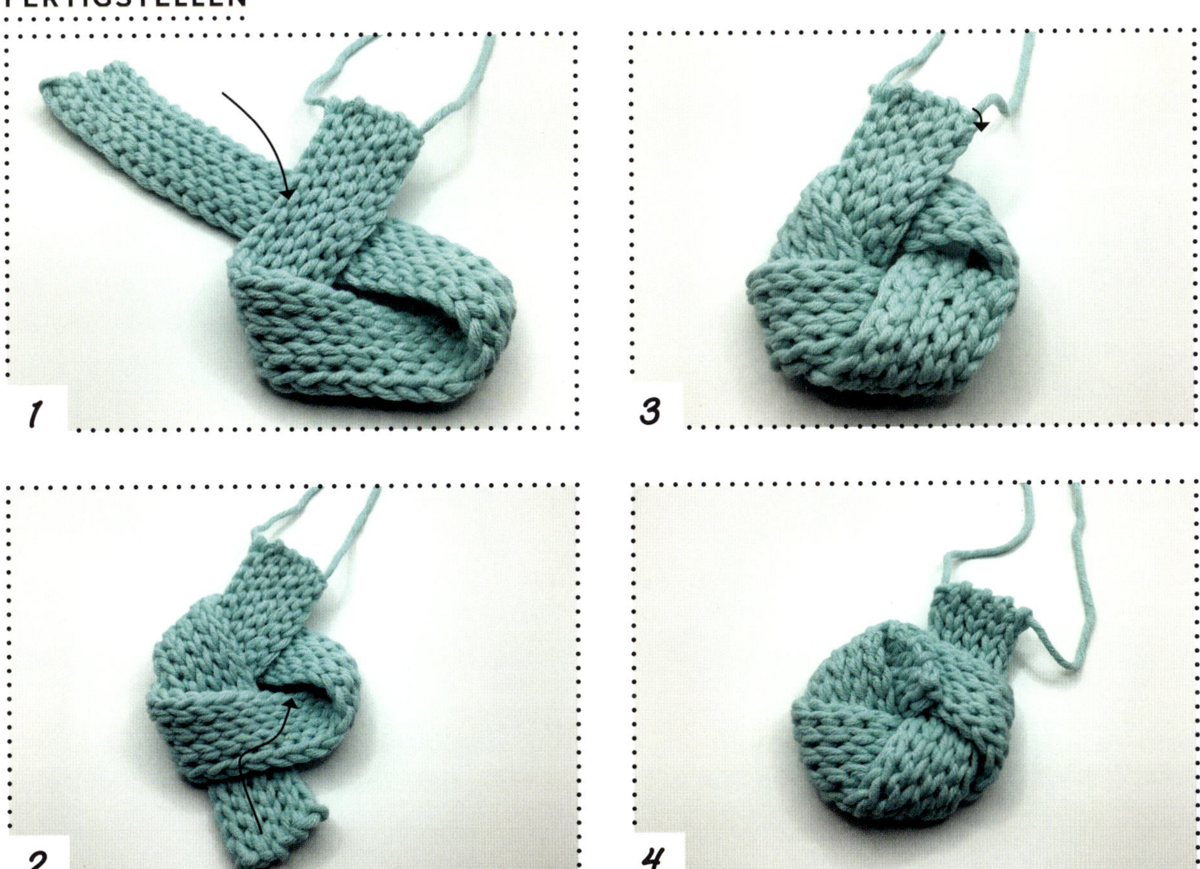

Falten Sie den Streifen wie auf der Abbildung gezeigt und nähen Sie ihn mithilfe des Abschlussfadens an den Kanten zusammen. Verstecken Sie die Naht unter einer Falte.

Lavendelsäckchen

Lavendel ist ein natürliches Insektizid. Er vertreibt Stechmücken aus Ihrer Umgebung und Motten aus Ihrem Kleiderschrank. Mit diesen Lavendelsäckchen, die in Schubladen und Fächer gelegt werden, brauchen Sie keine chemischen Produkte mehr, um Ihre Kleidung zu schützen.

NIVEAU	1	2	3

HÄKELDAUER	an einem Tag

Material

FÜR EIN SÄCKCHEN MIT EINER SEITENLÄNGE VON 10 CM

- Jerseygarn, 68 % Baumwolle und 32 % Nylon (50 g / 80 m): 1 Knäuel
- Häkelnadel 4,5 mm
- 20 g getrocknete Lavendelblüten

Verwendete Maschen

- Luftmasche: Lm
- feste Masche: fM
- Kettmasche: Km

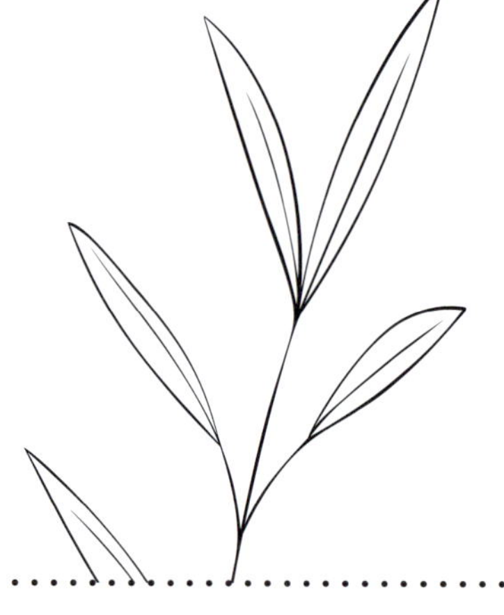

TIPPS UND TRICKS

Die Lavendelsäckchen müssen fest gehäkelt werden. Verwenden Sie ein Garn, bei dem möglichst keine Zwischenräume zwischen den Maschen entstehen. Jerseygarn mit seinen röhrenartigen Fäden ist hierfür perfekt. Es hat zudem die Eigenschaft, besonders durchlässig für Duftstoffe zu sein. **Für ein Säckchen benötigen Sie eine Luftmaschenkette, deren Maschenzahl ein Vielfaches von 4 ist.**

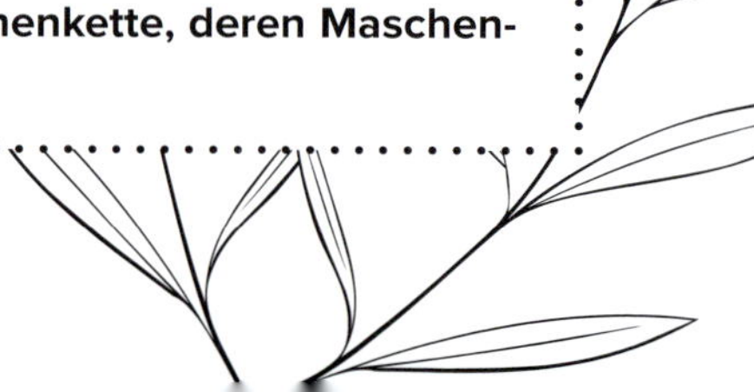

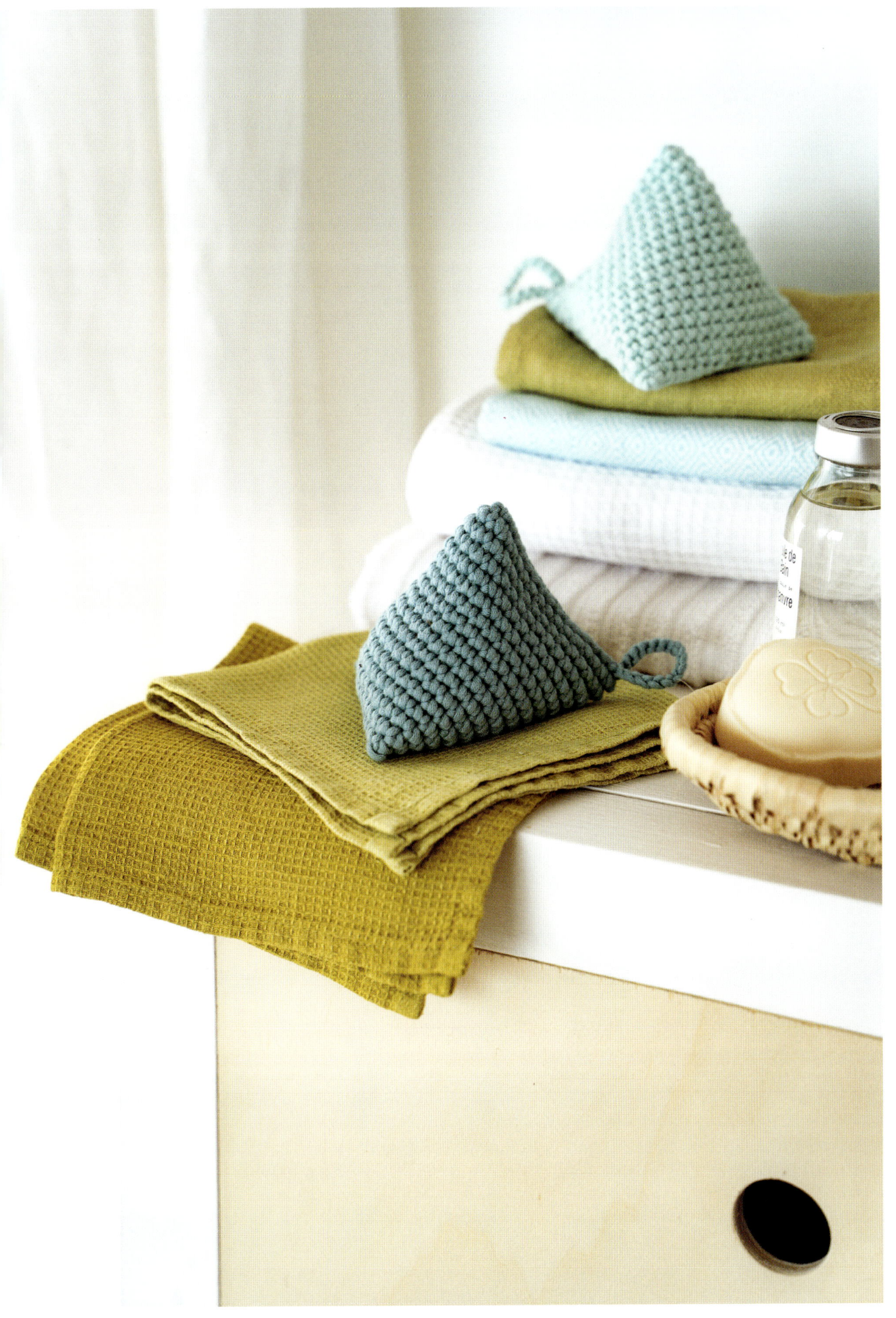

Anleitung

RUNDHÄKELN UM EINE GESCHLOSSENE LUFTMASCHENKETTE

Schlagen Sie mit der Häkelnadel 4,5 mm eine Luftmaschenkette mit 32 Maschen an.

1. Runde: 1 Lm, 1 fM in die 1. Masche der Luftmaschenkette (2. Masche von der Häkelnadel aus) und in jede der folgenden Maschen. 1 Km in die erste Masche der Luftmaschenkette, um die Kette zu schließen und in Runden weiterzuhäkeln (siehe S. 20).

Passen Sie auf, dass Sie die Luftmaschenkette nicht verdrehen, wenn Sie sie schließen!

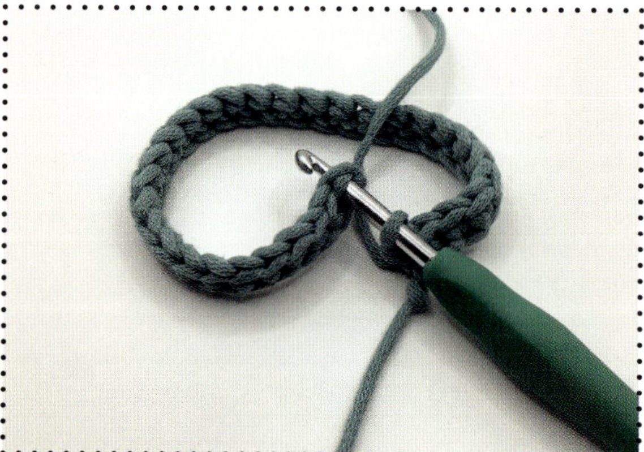

2. bis 16. Runde: 1 Lm, 31 fM häkeln. In die 32. Masche einstechen und den Faden durch diese hindurchziehen. Es sind jetzt 2 Fäden auf der Häkelnadel. In die 1. Masche einstechen und den Faden komplett durchziehen. Die Runde ist geschlossen. Den Faden nicht abschneiden, sondern direkt den Aufhänger häkeln.

AUFHÄNGER

16 Lm häkeln und die Luftmaschenkette zu einer Schlaufe formen. 1 Km in Anfangsmasche der Luftmaschenkette häkeln.

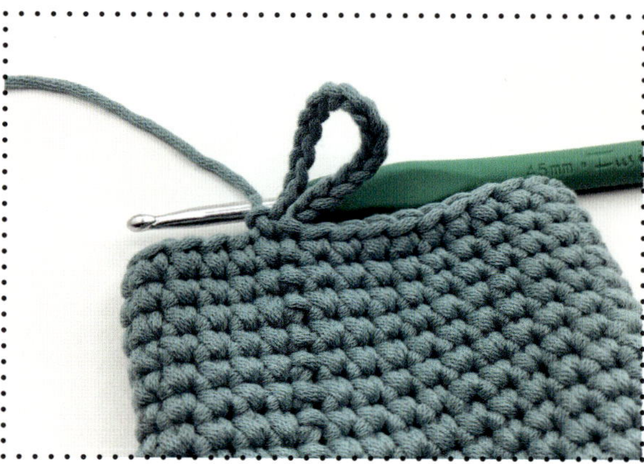

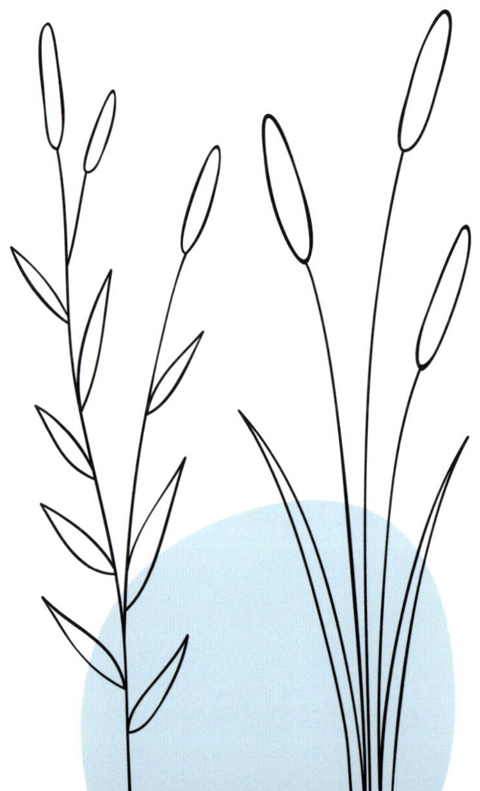

FERTIGSTELLEN

Den Faden auf einer Länge von 20 bis 25 cm abschneiden. Mit diesem Faden die Oberseite des Säckchens zusammennähen. Den Faden vernähen. Das Säckchen umdrehen und den Anfangsfaden vernähen.

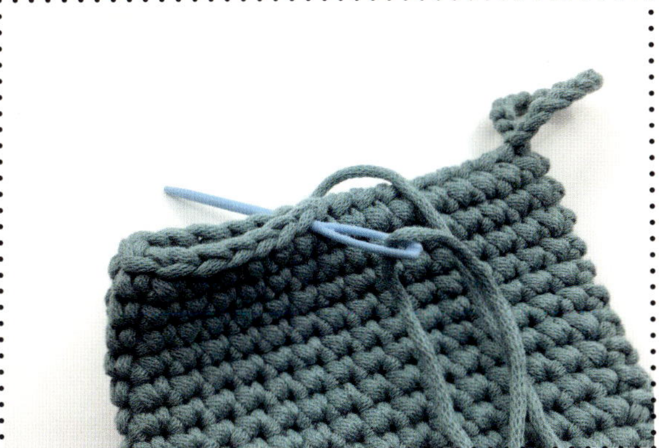

Das Häkelstück so falten, dass es eine Pyramidenform annimmt. Die Öffnung auf der Hälfte ihrer Länge zusammennähen. Das Säckchen mit Lavendel füllen und die Öffnung ganz zunähen. Den Faden vernähen.

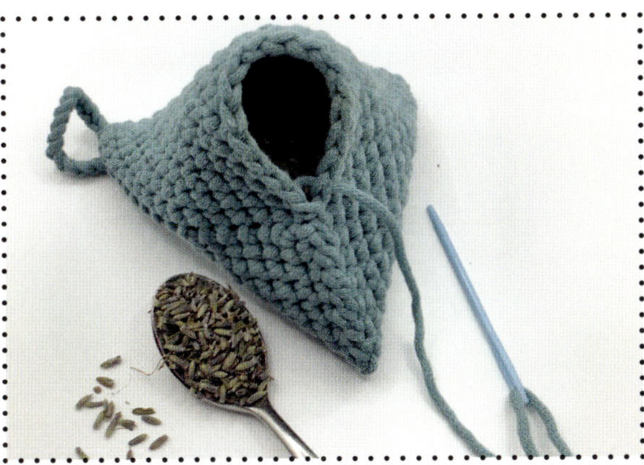

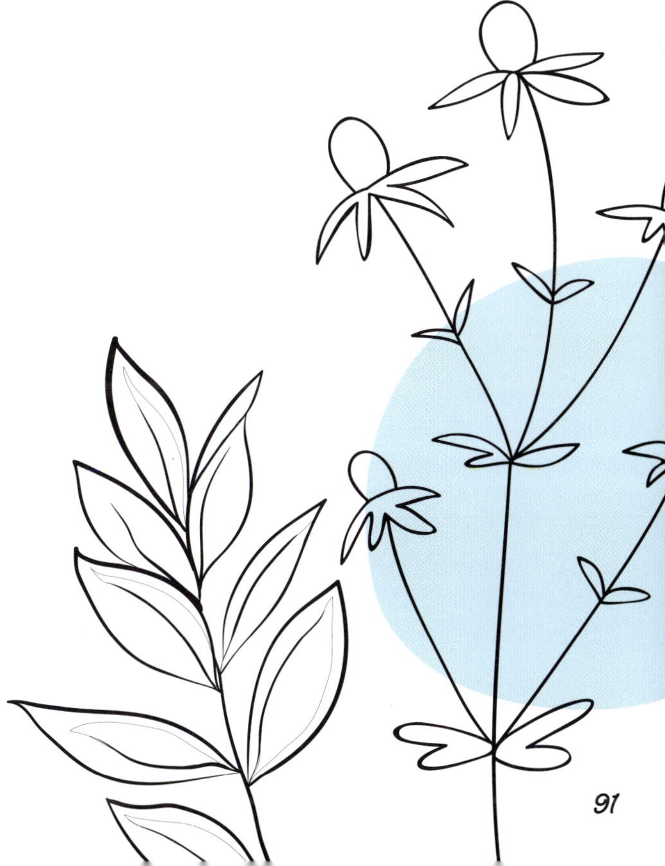

Wäschenetz

Ein Wäschenetz ist unentbehrlich zum Waschen von Abschminkpads, Waschhandschuhen oder Seiftüchern in der Waschmaschine. Da die im Handel erhältlichen Wäschenetze in der Regel aus Nylon bestehen, ist es umweltfreundlicher, wenn Sie selbst welche herstellen. Fertigen Sie ein Netz mit einem Kordelzug an und verwenden Sie es wie gewohnt.

NIVEAU	1	2	3	HÄKELDAUER	an einem Tag

Material

FÜR EIN GROẞES NETZ MIT DEN MAẞEN 24 × 28 CM

FÜR EIN MITTELGROẞES NETZ MIT DEN MAẞEN 19 × 24 CM

FÜR EIN KLEINES NETZ MIT DEN MAẞEN 14 × 19 CM

- Garn 100 % Baumwolle (50 g / 170 m): 1 Knäuel pro Beutel
- Häkelnadel 2,5 mm
- Kordel, beige, 50, 60 oder 70 cm lang, 3 mm Durchmesser, passend zum Netz
- Durchsichtiger Kordelstopper mit 2 Löchern von 4 mm Durchmesser für die Kordel
- Klebestreifen oder weißer Kleber

Verwendete Maschen

- Luftmasche: Lm
- feste Masche: fM
- Kettmasche: Km
- Stäbchen: Stb

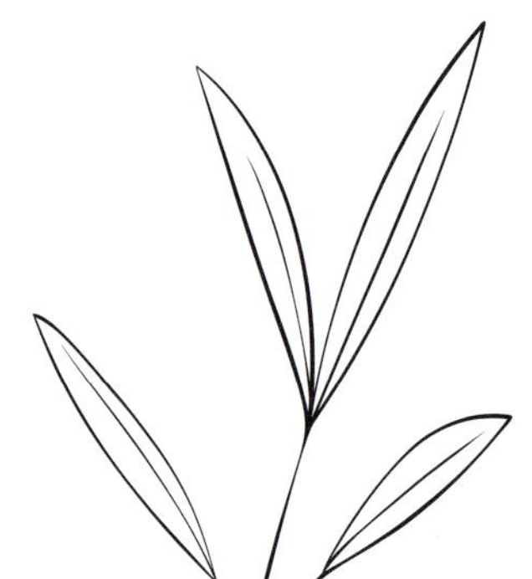

TIPPS UND TRICKS

Ein dünnes Baumwollgarn, das mit einer geringen Nadelstärke verarbeitet wird, eignet sich perfekt zum Häkeln der Netze. So entsteht ein Netz, das genug Platz für Ihre Wäsche bietet und gleichzeitig dafür sorgt, dass sie gründlich gewaschen wird. Ein weiterer großer Pluspunkt: Das Material trocknet schnell. **Für diese Arbeit müssen Sie mit einem Vielfachen der Maschenzahl 8 beginnen.**

Verwenden Sie einen durchsichtigen Kordelstopper zum Schließen des Netzes. Dieser ist fast unsichtbar und beeinträchtigt die Optik nicht.

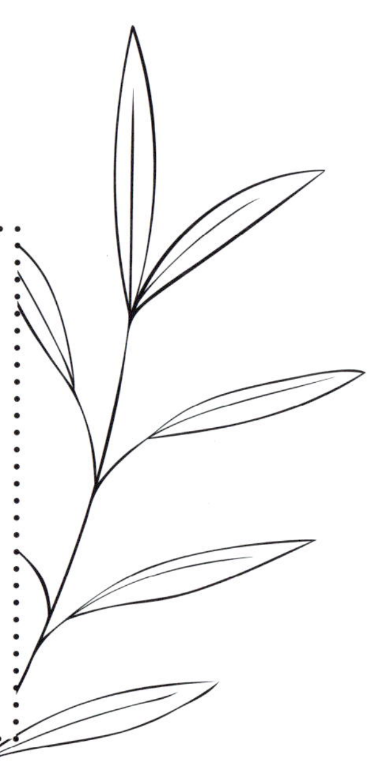

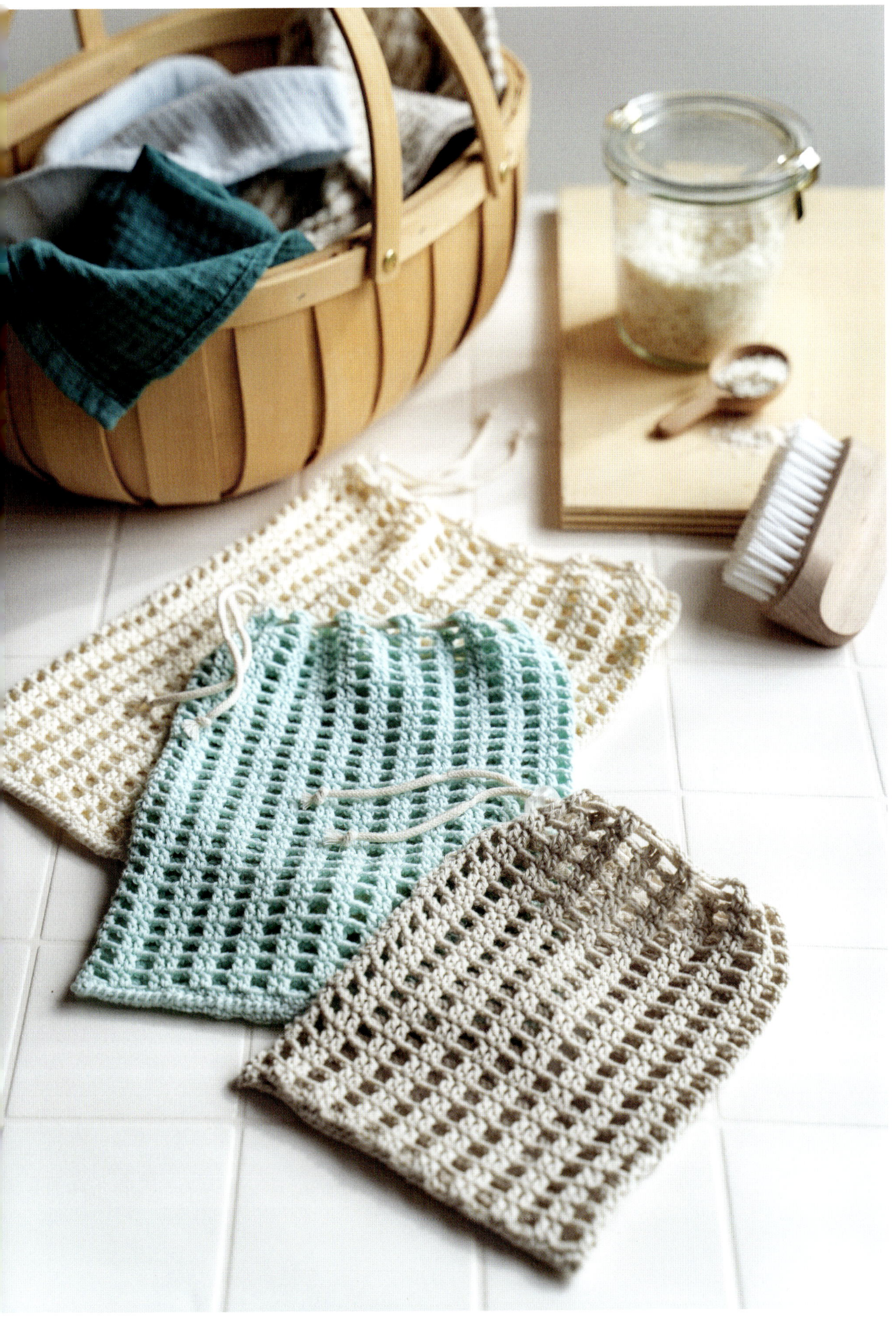

Anleitung

RUNDHÄKELN UM EINE GESCHLOSSENE LUFTMASCHENKETTE

Mit der Häkelnadel 2,5 mm eine Luftmaschenkette mit 72, 96 oder 120 Maschen häkeln, dabei 90 cm Faden vor der ersten Masche lassen (er dient später zum Zusammennähen der unteren Naht).

1. Geschlossene Reihe: 1 Lm, 1 fM in die erste Masche der Luftmaschenkette (2. Masche von der Häkelnadel aus) und in jede der folgenden Maschen. 1 Km in die 1. Masche der Luftmaschenkette, um das Häkelstück zylinderartig zu schließen und in Runden weiterzuhäkeln (siehe S. 20).

Passen Sie auf, dass Sie die Luftmaschenkette nicht verdrehen, wenn Sie sie schließen!

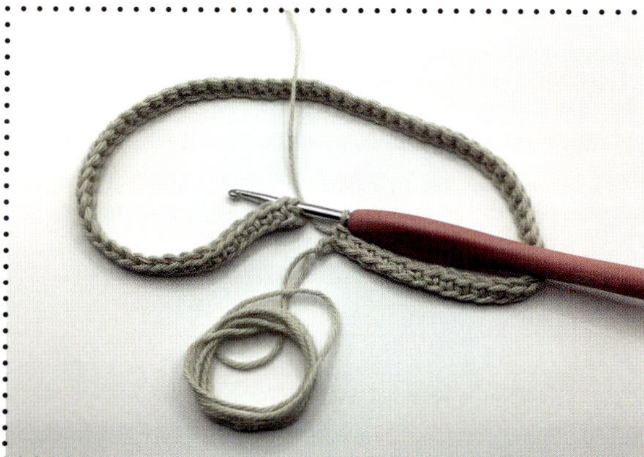

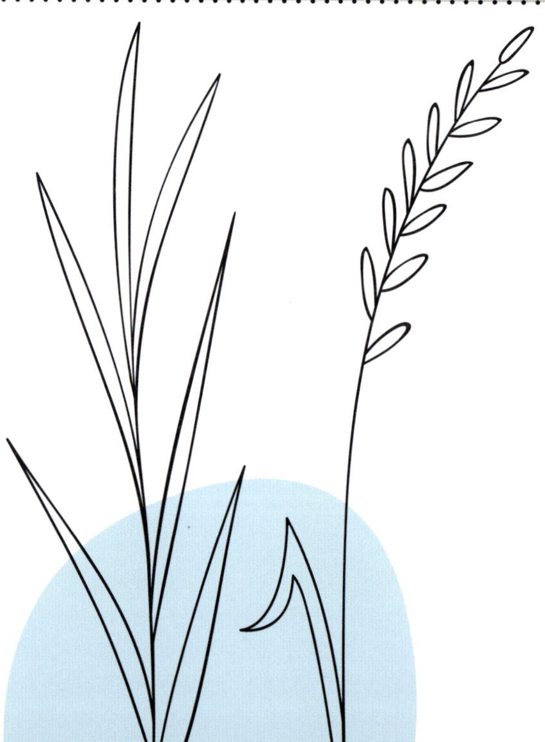

2. Runde (und alle weiteren Runden): 5 Lm, 1 Stb in die 8. Masche von der Häkelnadel aus, * 1 Stb in die folgende Masche, 2 Lm, 2 M überspringen, 1 Stb in die folgende Masche *, von * bis * wiederholen bis zum Ende der Runde (die mit 1 Stb abschließt), 1 Km in die 3. der 5 Lm, die am Anfang der Runde gehäkelt wurde, um sie zu schließen. Den Faden abschneiden, durchziehen und vernähen.

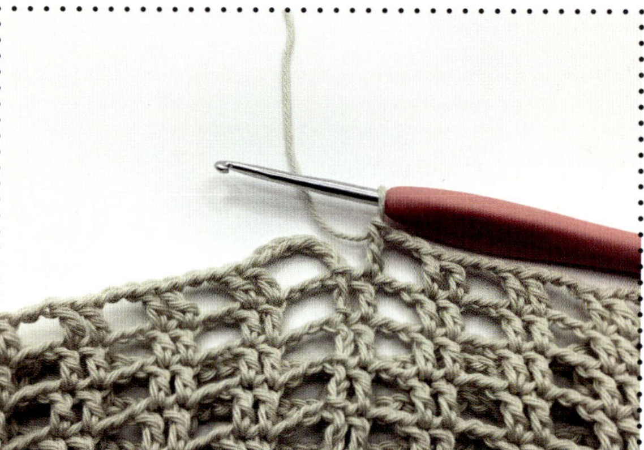

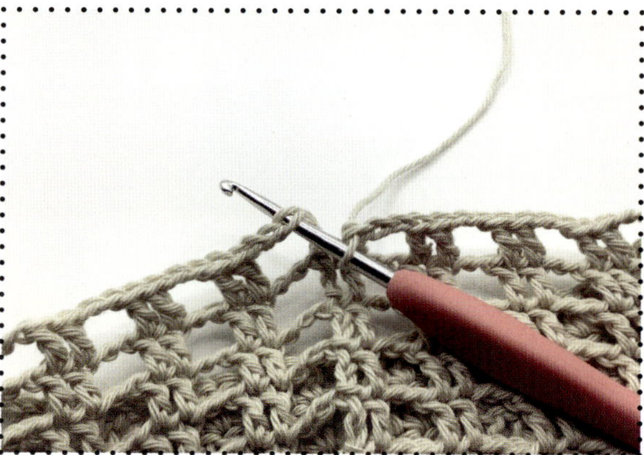

Ich habe die verschiedenen Größen folgendermaßen gehäkelt:

- **Für das kleine Netz:** 20 Runden nach der Runde mit festen Maschen (also insgesamt 21 Runden).
- **Für das mittelgroße Netz:** 27 Runden nach der Runde mit festen Maschen (also insgesamt 28 Runden).
- **Für das große Netz:** 32 Runden nach der Runde mit festen Maschen (also insgesamt 33 Runden)

FERTIGSTELLEN

Den Boden des Netzes mit dem langen Anfangsfaden zusammennähen.

Die Kordel in die letzte Runde des Netzes einfädeln, indem sie wie gezeigt abwechselnd über und unter die Stäbchen geführt wird. Mit dem Kordelstopper schließen.

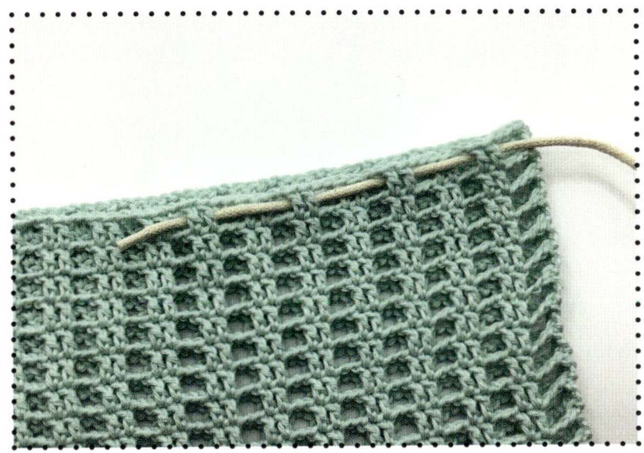

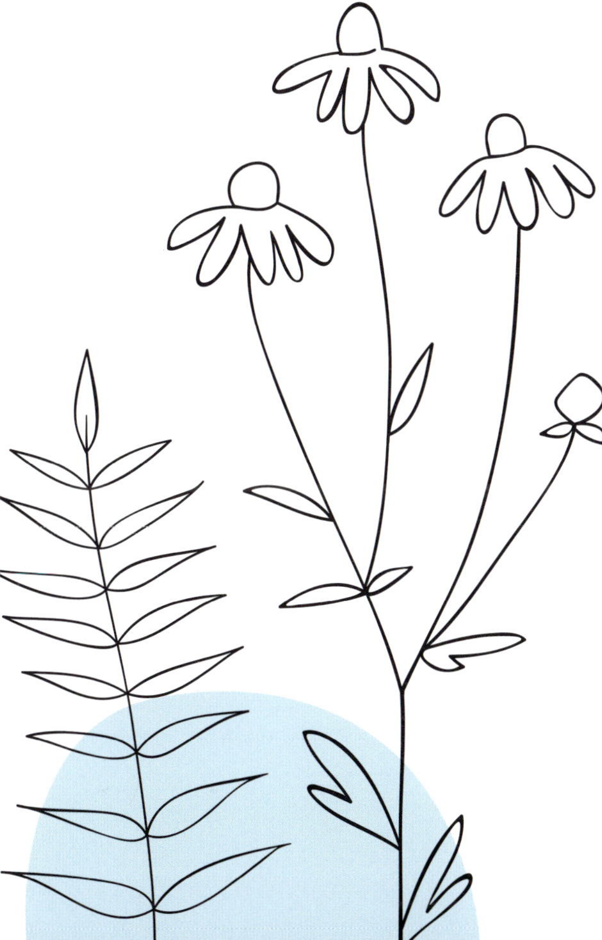

Um das Anbringen des Kordelstoppers zu erleichtern, umwickeln Sie das Ende der Kordel fest mit Klebestreifen oder bestreichen Sie es mit Kleber (trocknen lassen). Sobald die Kordel durch den Stopper geführt wurde, machen Sie einen Knoten und schneiden Sie die beklebten Enden ab.

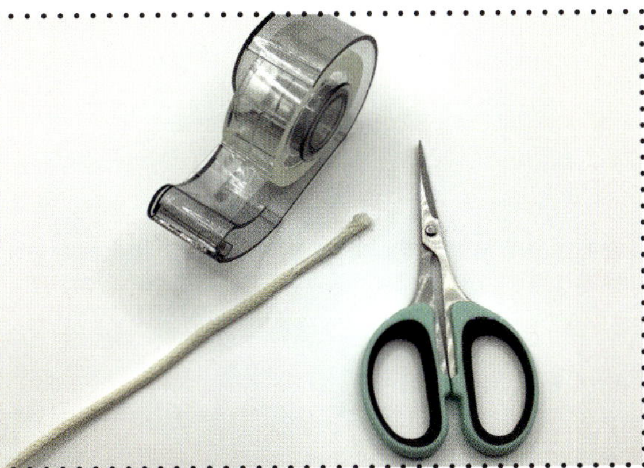

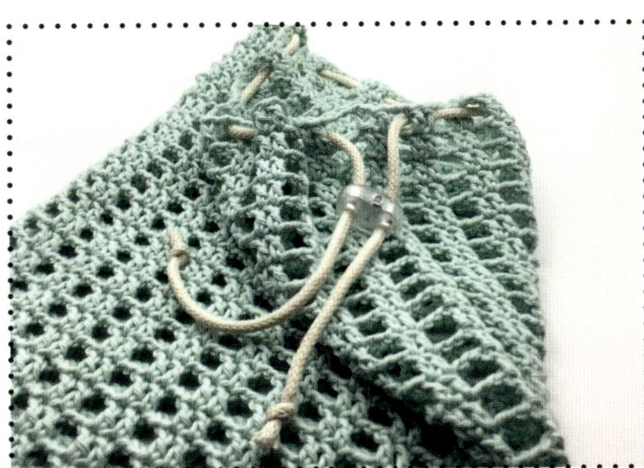

ISBN 978-3-8094-4742-9

1. Auflage

Die Originalausgaben erschienen auf Französisch unter den Titeln *Crochet zéro déchet dans ma cuisine* sowie *Crochet zéro déchet dans ma salle de bain.*

Beide Originalausgaben wurden in der deutschen Ausgabe zu einem Buch zusammengeführt.

Fotos: Fabrice Besse

Projektleitung: Sibylle Lehmann

Umschlaggestaltung: Atelier Versen, Bad Aibling

Übersetzung: SAW Communications, Constanze Ravel

Redaktion und Producing: SAW Communications, Redaktionsbüro Dr. Sabine A. Werner, Dahn

Satz: SAW Communications in Zusammenarbeit mit Anke Enders

Herstellung: Franziska Polenz

Druck und Bindung: DZS Grafik d. o. o.

Printed in Slovenia

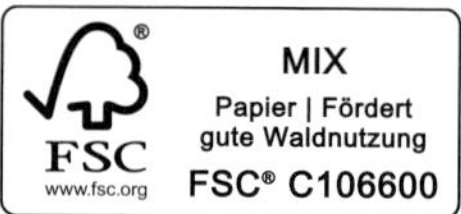

Penguin Random House Verlagsgruppe FSC® N001967